J.A. BEAUCÉ                                    PISAN.

# AVENTURES DE LYDERIC

PAR

## ALEXANDRE DUMAS

### I

L'origine des comtes de Flandre remonterait, s'il faut en croire la chronique, à l'an 640 : comme toute grande puissance, son berceau est entouré de ces traditions mystérieuses familières à tous les peuples et qui se sont perpétuées depuis Sémiramis, la fille des colombes, jusqu'à Rémus et Romulus, les nourrissons de la louve. Voici, au reste, cette tradition dans toute sa simplicité :

Vers la fin de l'an 628, Boniface V étant pape à Rome et Clotaire régnant sur l'empire des Francs, Salwart, prince de Dijon, revenant, avec sa femme Ermengarde, de faire baptiser dans une église très-vénérée, Lyderic, leur fils premier-né, traversait la forêt de Sans-Merci, que l'on appelait ainsi à cause

Paris. — Typ. Gaittet, rue Gît-le-Cœur, 7.

1861

des brigandages qu'y exerçait Phinard, prince de Buck. Malgré la mauvaise réputation du lieu, Salwart, comptant sur son courage, n'avait autour de lui, pour toute suite, que quatre serviteurs, lorsque, arrivés vers la fin du jour à un endroit très-épais et très-sombre de la forêt, il fut attaqué par une troupe d'une vingtaine d'hommes, commandée par un chef qu'à sa taille gigantesque il lui fut facile de reconnaître pour le prince de Buck. Malgré la disproportion du nombre, il ne résolut pas moins de combattre, non point qu'il eût l'espérance de sauver sa vie, mais parce que pendant le combat il espérait que sa femme et son enfant auraient le temps de fuir. En effet, comme la nuit, ainsi que nous l'avons dit, commençait à se faire sombre, Ermengarde se laissa glisser au bas de son cheval et s'enfonça dans la forêt. Confiante alors dans la providence de Dieu, et voulant accomplir autant qu'il était en elle ses devoirs de mère et d'épouse, elle cacha son enfant au milieu d'un buisson, qui poussait proche d'une fontaine appelée encore aujourd'hui le Saulx, à cause des grands saules qui l'ombrageaient; puis, après l'avoir recommandé à Dieu dans une ardente prière, elle revint vers l'endroit de la forêt où elle avait quitté son mari, afin, vivant ou mort, libre ou prisonnier, de partager le sort qu'il avait plu au Seigneur de lui faire.

En arrivant au lieu du combat, elle trouva huit corps morts étendus par terre. Comme la lune venait de se lever, elle put en examiner les visages, reconnaître que c'étaient ceux de ses quatre serviteurs et probablement ceux de quatre assaillants; mais en aucun des trépassés elle ne reconnut son mari : il était donc à coup sûr prisonnier, car elle connaissait trop le noble cœur de Salwart pour penser un seul instant qu'il avait fui. Au même instant, elle aperçut, à la lueur des torches qui l'escortaient, un convoi qui s'avançait dans la direction d'un château fort, qui avait été autrefois une citadelle romaine; et, comme elle reconnut dans la haute stature de l'homme qui le précédait à cheval le chef de la troupe qui les avait attaqués, elle ne fit plus de doute que ce convoi n'emmenât son mari. Or, comme elle avait décidé que sa place à elle était près du comte, elle hâta le pas et rejoignit le cortège. Elle ne s'était point trompée : le comte, mortellement blessé, était couché sur un brancard. Les soldats s'écartèrent pour faire place à cette femme déjà à demi veuve, et de Buck, enchanté d'avoir deux prisonniers au lieu d'un, continua sa route vers son château, où l'on arriva après une demi-heure de marche à peu près.

Dans la nuit, le comte mourut en priant pour son fils. La comtesse resta prisonnière.

Dès le lendemain, le prince de Buck offrit à la comtesse de Salwart de racheter sa liberté au prix de ses États, ou du moins d'une partie. Mais la comtesse pensa que tels elle les avait reçus de ses pè-

res, tels elle devait les conserver à son enfant, et refusa toute négociation, disant au prince de Buck que, comme son mari et elle étaient comtes souverains, ayant reçu leurs biens de Dieu, c'était à Dieu seul à disposer de leurs biens. Le prince de Buck ordonna alors de resserrer encore la captivité de la comtesse, espérant qu'elle se lasserait de sa prison, et qu'il obtiendrait du temps ce qu'il voyait bien qu'il ne pourrait obtenir de la menace et de la violence. Il reprit donc ses brigandages dans la forêt Sans-Merci, et Ermengarde continua de prier près de la tombe du comte.

Il y avait dans la forêt, et non loin de l'endroit où avait eu lieu le combat, un ermitage très-vénéré habité par un vieil anachorète, qui avait fait force miracles dans son temps, mais qui commençait à se reposer, voyant l'espèce humaine devenir de jour en jour plus mauvaise et ne la jugeant plus digne des célestes spectacles qu'il aurait pu lui donner; aussi demeurait-il pour la plupart du temps retiré dans le fond de sa grotte, où il ne vivait que du lait d'une biche qui, trois fois par jour, venait lui présenter sa mamelle. L'ermite buvait une partie de ce lait et faisait cailler l'autre; de sorte que, avec quelques racines qu'il arrachait de terre aux environs de sa grotte, il se trouvait avoir des provisions suffisantes : grâce à cette frugalité, il y avait plus de cinq ans qu'il n'avait mis le pied dans aucune ville ni dans aucun village.

Or, il arriva qu'un jour le bon vieillard s'aperçut que sa biche ne revenait la mamelle qu'à moitié pleine, si bien que ce jour-là il eut encore du lait pour boire, mais n'en eut point à faire cailler : il attribua cette cause à quelque accident naturel qui disparaîtrait sans doute comme il était venu, et attendit au lendemain.

Le lendemain, il trouva sa mesure encore diminuée, et non-seulement il n'en eut pas pour faire cailler, mais encore à peine en eut-il pour boire. Le bon ermite prit patience, espérant toujours que les choses changeraient, et cela était d'autant plus probable, que sa biche paraissait mieux portante que jamais, et avait un air joyeux qui faisait plaisir à voir.

Mais, le surlendemain, la chose continuant d'aller de mal en pis : la pauvre biche ce jour-là avait la mamelle si sèche, que l'ermite, qui n'avait plus même de lait pour boire, fut obligé de sortir de sa grotte pour aller chercher de l'eau. Il profita en même temps de la circonstance pour faire provision de racines, car depuis deux jours il était à la diète, et son ordinaire était déjà si peu de chose, que, quelque peu qu'on en retranchât, le jeûne devenait par trop rigoureux pour être supporté.

Le jour d'après, la biche revint la mamelle parfaitement vide.

Pour cette fois, il n'y avait pas à s'y tromper : quelque voleur se trouvait sur la route de la bonne pourvoyeuse et interceptait les vivres du pauvre anachorète. Cependant, avant de concevoir un si terrible soupçon contre son prochain, le vieillard résolut de s'en assurer, et, le matin du cinquième jour, comme la biche venait ainsi que d'habitude lui faire sa visite, il ferma la porte sur elle.

Toute la journée, la biche parut fort inquiète, allant de l'ermite à la porte de l'ermitage, et de la porte de l'ermitage à l'ermite ; le tout en bramant d'une façon si lamentable, que le vieillard vit bien qu'il se passait quelque chose d'étrange. Pendant ce temps, au reste, sa mamelle se remplissait comme aux jours de sa plus grande abondance, et l'ermite fut obligé de la traire trois fois. Il était donc bien évident que le défaut de lait qu'il avait trouvé chez elle depuis quelques jours ne devait pas être attribué à la stérilité.

Le soir, l'ermite entr'ouvrit la porte pour se chauffer, comme c'était son habitude, aux derniers rayons du soleil couchant ; mais, quelque précaution qu'il eût prise en ouvrant la porte pour retenir la biche prisonnière, celle-ci, dès qu'elle vit une ouverture, s'élança si violemment, qu'elle renversa le vieillard, et, se trouvant libre, s'élança joyeuse et bondissante dans la forêt.

L'ermite se releva en secouant la tête ; il connaissait sa biche et la savait incapable de se porter à un pareil acte de violence, même pour recouvrer sa liberté, car quelquefois, étant tombé malade, il l'avait vue des jours entiers rester couchée près de lui, ne sortant que pour brouter l'herbe et revenant aussitôt. Il comprit donc qu'il y avait là-dessous quelque mystère, et que ce mystère était tout autre chose que ce qu'il avait soupçonné d'abord.

Le jour suivant, sa conviction redoubla quand il ne vit point revenir la biche : c'était la première fois depuis cinq ans que le fidèle animal manquait à ses habitudes. Le bon ermite attendit ; mais toute la journée se passa sans que la biche reparût.

Le lendemain, le vieillard commença de craindre qu'il ne fût arrivé malheur à sa compagne. Aussi, dès le point du jour, alla-t-il ouvrir sa porte ; mais alors il la vit qui broutait à quelques pas de l'ermitage ; en l'apercevant, la biche manifesta par quelques bonds joyeux le plaisir qu'elle avait à le revoir ; mais ce fut tout, car elle ne fit pas un pas vers l'ermitage. L'anachorète l'appela ; à sa voix, fût-elle à cinq cents pas de distance, elle avait l'habitude d'accourir ; mais, cette fois, elle se contenta de tourner la tête de son côté en dressant les oreilles. L'ermite fit alors quelques pas vers elle ; mais elle s'éloigna à mesure qu'elle le vit s'avancer. Il était

évident qu'elle lui gardait rancune de sa captivité de la veille, et qu'elle ne voulait pas s'y exposer une seconde fois.

Ce langage mimique était trop clair pour que le vieillard ne le comprît pas : il résolut donc de pénétrer les causes du changement de la biche à son égard ; et comme, vers le midi, elle cessa de paître et parut manifester l'intention de s'enfoncer dans la forêt, l'ermite, de son côté, prit la résolution de la suivre. Ce qu'il fit en effet, secondé par la complaisance de l'animal, qui, comme s'il eût compris l'intention du vieillard, continua de marcher joyeusement par sauts et par bonds, mais sans jamais s'éloigner assez de lui pour qu'il la perdît de vue.

La biche conduisit ainsi le vieillard dans une charmante vallée toute plantée de saules qui trempaient l'extrémité de leurs longues branches pleurantes dans un petit ruisseau dont l'ermite connaissait la source pour s'y être souvent désaltéré. Arrivé à quelques pas de cette source, la biche fit trois ou quatre bonds et disparut. Le vieillard hâta le pas et arriva à l'endroit où il l'avait perdue de vue : là, il s'arrêta, regardant autour de lui sans rien voir autre chose qu'un gros buisson, sur lequel chantait un rossignol. Bientôt, au milieu de ce buisson, il entendit bramer doucement ; il s'approcha alors avec précaution et aperçut la biche couchée et allaitant un petit garçon de trois ou quatre mois, qui pressait ses mamelles avec ses petites mains. Le voleur était trouvé.

Le vieillard tomba à genoux et loua Dieu. Puis, ne voulant pas laisser la faible créature exposée aux animaux féroces auxquels elle avait échappé jusqu'alors comme par miracle, il la prit entre ses bras, et, l'enveloppant dans un pan de sa robe, il l'emporta dans son ermitage.

La biche les accompagna, regardant l'enfant et léchant les mains du vieillard.

Le vieillard appela l'enfant Lyderic en mémoire du rossignol qui chantait sur le buisson où il l'avait trouvé : *lieder* voulant dire en vieil allemand : joyeux chansonnier.

On devine qu'à compter de ce jour le bon anachorète vécut d'eau et de racines, laissant à son nourrisson tout le lait de la biche : aussi le nourrisson venait-il gros et fort que c'était merveille ; à huit mois il se tenait debout sur ses pieds, et, à dix, il commençait à parler.

L'ermite lui apprit à lire dans la Bible. Mais de toutes les histoires que contenait le livre saint, celles qui lui plaisaient davantage étaient l'histoire de Nemrod, de Samsom et de Judas Machabée.

Il aperçut la biche couchée et allaitant un petit garçon de trois ou quatre mois. — Page 3.

## II

ussi, dès qu'il put courir, l'enfant se fit-il une fronde et un arc; et bientôt son adresse fut telle, que, si éloigné et si petit que fût le but, il était sûr de l'atteindre avec sa flèche et avec sa pierre.

Ses forces croissaient en proportion de son adresse. A huit ans il était fort comme un homme ordinaire, et à dix, comme il se promenait un jour, ainsi que c'était son habitude, avec sa bonne nourrice, qui commençait à se faire vieille, un loup affamé se jeta sur elle; mais lui se jeta sur le loup et il l'étouffa entre ses bras. Puis de sa peau il se fit un vêtement, comme il avait vu, dans les gravures bysantines de la Bible du vieil ermite, que Samson s'en était fait un de la dépouille du lion.

JARDIN

Il s'assit en pleurant près de la tombe.

Comme il ne se servait de sa fronde et de son arc que contre les oiseaux de proie ou les animaux de carnage, tout ce qui était faible l'aimait et lui faisait fête : les lapins couraient devant lui, les chevreuils le suivaient comme s'il eût été le berger de leur troupeau sauvage; et les oiseaux volaient au-dessus de sa tête en lui chantant leurs plus mélodieuses chansons; et, parmi les oiseaux, les rossignols surtout, dont il y avait tous les ans un nid sur le buisson où il avait été trouvé, si bien que leur langage, inintelligible pour les autres, était com-préhensible pour lui, et qu'il entendait tout ce qu'ils disaient.

Le vieil ermite voyait cela en pleurant de joie et en disant que le jeune homme était béni de Dieu.

Le premier chagrin qu'eut Lydéric fut causé par la mort de sa bonne biche : l'enfant ne savait point ce que c'était que la mort. Le vieillard le lui expliqua; mais l'explication, au lieu de le consoler, le rendit plus triste encore. Il creusa une fosse pour elle, la recouvrit de terre et de gazon, puis il s'assit en pleurant près de la tombe.

Alors un rossignol se mit à chanter au-dessus de sa tête :

« Tout vient de Dieu, tout retourne à Dieu, l'éphémère en une seconde, l'insecte en une heure, la rose en un jour, le papillon en six mois, le rossignol en un lustre, la biche en quinze ans et l'homme en un siècle, — et depuis l'éphémère qui a vécu une seconde jusqu'à l'homme qui a vécu un siècle, une fois mort, il semblera à l'éphémère, à l'insecte, au rossignol, à la biche et à l'homme, qu'ils auront vécu le même temps, car ils n'auront plus d'autre horloge que celle de l'éternité, dont un battement dit : — jamais, — et l'autre battement : toujours.

« Dieu est immortel, — louons Dieu. »

Et le rossignol se mit alors à chanter, toujours dans son langage, un cantique si plein de foi, que Lyderic leva son regard au ciel, et qu'un rayon de soleil sécha les larmes qui coulaient de ses yeux : l'enfant était consolé.

Cependant la consolation n'est pas l'oubli : l'une est la fille de la foi, l'autre est le fils de l'égoïsme. Tous les jours Lyderic venait rendre visite à la tombe de la biche, sur laquelle poussaient des fleurs, et autour de laquelle chantaient les oiseaux. Peu à peu le gazon qui la couvrait se confondit avec le gazon voisin : à la fin de l'année, à peine il pouvait reconnaître la place. L'hiver vint, la terre se couvrit de neige; puis le printemps reparut à son tour, étendant sur la terre son tapis d'herbe tout brodé de fleurs; la nature était plus belle que jamais; mais tout vestige du tombeau de la pauvre biche avait disparu, et il fut impossible à Lyderic de retrouver même sa place.

Tandis qu'il la cherchait, courbé vers la terre, le rossignol chanta :

« Cherche, Lyderic, cherche; mais tu chercheras vainement. Le monde n'est formé que de débris humains; chaque atome de poussière a appartenu à un être animé : si toute fosse ne s'affaissait d'elle-même, la terre aurait plus de vagues que l'Océan, et l'homme ne trouverait pas de place pour sa tombe entre la tombe de ses pères et celle de ses fils. »

Lorsque Lyderic eut atteint l'âge de quinze ans, le vieil anachorète commença de lui apprendre l'histoire : c'était un ancien clerc fort savant, tout à fait versé dans les langues anciennes, de sorte que les temps païens lui étaient familiers. Il résulta de ces connaissances qu'à ses trois héros bibliques Lyderic ne tarda point d'ajouter Alexandre, Annibal et César. Il lui apprit ensuite comment ce monde romain, si vaste qu'au delà de ses frontières on ne connaissait que déserts inhabités ou mers innavigables, s'était un jour lézardé par le milieu, si bien que de chacun de ses deux morceaux on avait fait un empire. Il lui raconta comment les nations asiatiques, poussées par la voix de Dieu, s'étaient tout à coup répandues sur l'Europe pour rajeunir, de

leur sang barbare, le corps corrompu de la vieille civilisation, et comment à cette heure même ils accomplissaient leur œuvre régénératrice, les Visigoths en Espagne, les Lombards en Italie et les Francs dans les Gaules. Ces récits mêlés de combats et de guerre avaient pour Lyderic un tel charme, qu'il était rare que le vieillard eût besoin de répéter deux fois la même histoire pour que cette histoire se fixât dans son esprit. Il en résulta qu'à l'âge de dix-huit ans Lyderic, dont la double éducation physique et morale était accomplie, était, quoiqu'il n'eût point quitté sa forêt nourricière, un des hommes les plus forts et les plus savants, non-seulement du royaume des Francs, mais encore du monde tout entier.

Alors, comme s'il n'eût attendu que ce moment pour terminer sa longue et sainte carrière, le digne anachorète, qui venait d'atteindre sa centième année, tomba malade; et, sentant que sa fin approchait, après avoir raconté à Lyderic tout ce qu'il savait sur son compte, lui remit un chapelet auquel pendait une médaille de la Vierge, et qui, étant roulé autour de son cou le jour où il l'avait trouvé, était le seul signe à l'aide duquel il pût reconnaître ses parents; puis il le laissa libre de vivre dans la retraite comme il avait vécu jusqu'alors, ou d'entrer dans le monde, certain que, quelque voie que le pieux jeune homme suivît, cette voie lui serait tracée par le doigt du Seigneur.

Puis, ce dernier soin accompli, il alla rendre compte à Dieu d'un siècle tout entier consacré à son service.

Ce fut la seconde grande douleur de Lyderic : si certain qu'il fût que le digne vieillard était à cette heure au rang des élus, tout en glorifiant sa mémoire, il n'en pleurait pas moins sa perte. Pendant toute la journée et toute la nuit il pria près de lui, afin qu'il veillât sur lui du haut du ciel, comme il avait l'habitude de faire sur la terre; et, le jour venu, il le coucha dans la fosse que le vieil ermite s'était creusée lui-même, et sur la fosse il planta un jeune marronnier, afin que la tombe de son père ne fût point perdue comme celle de sa nourrice.

Puis, ces derniers devoirs accomplis, se croyant seul sur la terre, Lyderic s'assit au pied de l'arbre qu'il venait de planter, incertain s'il devait, comme l'ermite, passer sa vie dans ce petit coin du monde, inconnu et priant, ou s'il devait, comme les autres hommes, se mettre à la poursuite de ces deux fantômes aux pieds légers, qu'on appelle la gloire et la fortune.

Comme son esprit flottait irrésolu d'un désir à l'autre, le rossignol vint se reposer sur l'arbre qu'avait planté Lyderic et se mit à chanter :

« Il y a deux choses sacrées dans le monde entre les choses sacrées, c'est la tombe d'un père et la vieillesse d'une mère. Il est un devoir à accomplir entre tous les devoirs, c'est celui qui prescrit à l'enfant de fermer les yeux qui ont vu s'ouvrir les siens. »

Lyderic comprit le conseil que lui donnait le rossignol, et, ayant coupé un jeune chêne pour s'en faire un bâton de voyage, il se mit en route sans inquiétude, certain qu'il trouverait partout des racines pour apaiser sa faim et une source pour étancher sa soif.

Lyderic marcha trois jours sans trouver la fin de la forêt, puis, vers le matin du quatrième jour, ayant entendu des coups de marteau, il se dirigea vers le bruit. Bientôt un nouveau guide vint à son secours, c'était la fumée qui s'élevait au-dessus des arbres. Lyderic doubla le pas, et, au bout d'un instant, il se trouva près d'une forge immense dans laquelle s'agitaient, comme dans un enfer, une douzaine de forgerons qui obéissaient aux ordres d'un homme qui paraissait leur chef. Au-dessus de la porte de la forge était une enseigne avec ces mots: Maître Mimer, armurier.

Lyderic s'arrêta un instant derrière un arbre: c'était la première fois qu'il allait se trouver en contact avec les hommes, et il était défiant comme un jeune daim. Pendant qu'il était là, il vit un beau chevalier qui arrivait à cheval, vêtu d'une armure complète, moins une épée. Parvenu devant la porte de maître Mimer, il descendit de son cheval, en jeta la bride aux mains de son écuyer et entra dans la forge. Maître Mimer ouvrit alors une armoire et présenta au chevalier une magnifique épée : celui-ci la lui paya en pièces d'or, puis, s'étant remis en selle, il continua son chemin et disparut.

A la vue de cette épée, l'envie prit à Lyderic d'en avoir une pareille.

## III

omme Lyderic n'avait pas d'or pour acheter l'épée qu'il connaissait, il résolut de s'en forger une lui-même. Alors, s'approchant de la forge :

— Maître, dit-il en s'adressant à Mimer, je voudrais bien une épée comme celle que tu viens de vendre à ce chevalier; mais, comme je n'ai ni or ni argent pour l'acheter, il faut que tu me permettes de la faire moi-même à ta forge et avec tes marteaux; j'y travaillerai deux heures par jour; le reste de mon temps sera à toi, et, en échange de ce temps, tu me donneras une barre de fer : le reste me regarde.

A cette demande étrange et à la vue de cet enfant sans barbe, les compagnons se mirent à rire,

Il frappa un si rude coup sur l'enclume, qu'elle s'enfonça d'un demi-pied dans la terre.

et maître Mimer, le regardant par-dessus son épaule :

— J'accepte ta proposition, lui dit-il; mais encore faut-il que je sache si tu as la force de lever un marteau.

Lyderic sourit, entra dans la forge, prit la masse la plus pesante, et, la faisant voltiger d'une seule main autour de sa tête, comme un enfant aurait fait d'un maillet en bois, il en frappa un si rude coup sur l'enclume, que l'enclume s'enfonça d'un demi-pied dans la terre; et, avant que maître Mimer et ses compagnons fussent revenus de leur surprise, il

avait frappé trois autres coups avec la même force et le même résultat, si bien que l'enclume était prête à disparaître.

— Et maintenant, dit Lyderic en reposant sa masse, croyez-vous, maître Mimer, que je suis digne d'être votre apprenti?

Maître Mimer était stupéfait : il s'approcha de l'enclume, pouvant à peine croire ce qu'il avait vu, et essaya de l'arracher de terre ; mais, voyant qu'il ne pouvait y parvenir, il ordonna à ses compagnons de l'aider : les compagnons aussitôt se mirent à l'œuvre, mais tous leurs efforts furent inutiles;

J. A. BEAUCÉ.

Aussitôt commença un combat terrible. — Page 11.

alors on alla chercher des leviers, des cordes et un cabestan; mais ni cabestan, ni cordes, ni leviers, ne la purent faire bouger d'une ligne. Ce que voyant Lyderic, il prit pitié du mal que se donnaient ces pauvres gens; et, leur ayant fait signe de s'écarter, il s'approcha de l'enclume à son tour et l'arracha avec la même facilité qu'un jardinier eût fait d'une rave.

Maître Mimer n'avait garde de refuser un tel compagnon, car il avait mesuré du premier coup de quel secours il lui pouvait être; en conséquence, il se hâta de dire à Lyderic qu'il acceptait les condi-tions qu'il lui avait proposées, tant il craignait que celui-ci ne se repentît d'avoir été si facile et ne lui en demandât d'autres. Mais, comme on le pense bien, Lyderic n'avait qu'une parole, et, à l'instant même, il fut installé chez maître Mimer, avec le titre de treizième compagnon.

Tout alla à merveille : Lyderic choisit la barre de fer qui lui convenait, et, tout en s'acquittant fidèle-ment des obligations contractées avec maître Mimer, grâce aux deux heures qu'il s'était réservées chaque jour, sans leçons, sans enseignement, rien qu'en imitant ce qu'il voyait faire, il parvint en six semai-

.ris. — Typ. Gautlet, rue Gît-le-Cœur, 3,

nes à se forger la plus belle et la plus puissante épée qui fût jamais sortie des ateliers de maître Mimer. Elle avait près de six pieds de long, la poignée et la lame étaient faites d'un même morceau ; la lame était si fortement trempée, qu'elle tranchait le fer comme une autre eût tranché le bois, et la poignée, si délicatement finie, qu'on eût dit, non pas l'ouvrage d'un homme, mais l'œuvre des génies.

Lyderic l'appela Balmung.

Quand maître Mimer vit cette belle épée, il en fut jaloux ; car il pensa qu'adroit et fort comme était Lyderic, il pourrait lui faire un grand tort s'il lui prenait envie de s'établir dans le canton : ce fut bien pis quand Lyderic lui demanda à rester chez lui encore trois autres mois pour se forger le reste de l'armure, convaincu qu'il était que les chevaliers qui verraient ce qui sortait de la main du compagnon ne voudraient plus de ce que faisait le maître. Aussi, tout en faisant semblant d'accepter aux mêmes conditions ce prolongement d'apprentissage, chercha-t-il les moyens de se débarrasser de Lyderic. En ce moment, son premier compagnon, nommé Hagen, qui craignait que le nouveau venu ne prît sa place, s'approcha de Mimer :

— Maître, lui dit-il, je sais à quoi vous penser : envoyez Lyderic faire du charbon dans la Forêt-Noire, et il sera immanquablement dévoré par le dragon.

En effet, il y avait alors dans la Forêt-Noire un dragon monstrueux qui avait déjà dévoré mainte et mainte personne ; si bien que nul n'osait plus passer dans la forêt. Mais Lyderic ignorait cela, n'ayant jamais quitté la grotte du bon anachorète.

Mimer trouva le conseil bon, et dit à Lyderic :

— Lyderic, le charbon commence à nous manquer : il serait bon que tu allasses dans la Forêt-Noire et que tu renouvelasses notre provision.

— C'est bien, maître, dit Lyderic, j'irai demain.

Le soir, Hagen s'approcha de Lyderic et lui donna le conseil d'aller faire son charbon à un endroit appelé le Rocher qui pleure, lui disant que c'était là où il trouverait les chênes les plus beaux et les hêtres les plus forts ; Hagen lui indiquait cet endroit, parce que c'était celui où se tenait habituellement le dragon. Lyderic, sans défiance, se fit bien expliquer le chemin par Hagen, et résolut d'aller le lendemain faire son charbon à la place qu'on lui avait désignée.

Le lendemain, comme il allait partir, le plus jeune des compagnons monta à sa chambre : c'était un bel enfant à la figure ronde et enjouée, aux longs cheveux blonds et aux beaux yeux bleus, nommé Peters, qui était aussi bon que les autres compagnons étaient méchants. Aussi, comme il était le dernier, avait-il eu beaucoup à souffrir de ses camarades jusqu'au moment où Lyderic était entré

dans la forge ; car, de ce moment, Lyderic s'était constitué son défenseur, et personne, dès lors, n'avait plus osé lui rien dire, ni lui faire aucun mal.

Peters venait dire à Lyderic de ne point aller à la forêt parce qu'il y avait un dragon ; mais Lyderic se mit à rire, et, tout en remerciant Peters de sa bonne intention, il ne s'apprêta pas moins à partir pour la forêt, qu'il eût laissée sans doute s'il n'eût été averti. Maître Mimer lui demanda alors pourquoi il prenait son épée : Lyderic lui répondit que c'était pour couper les chênes et les hêtres dont il comptait faire son charbon. Puis, s'étant informé une seconde fois à Hagen du chemin qui conduisait au Rocher qui pleure, il se mit en route joyeusement.

En arrivant au bord de la Forêt-Noire, Lyderic, qui craignait de se tromper, demanda à un paysan le chemin du Rocher qui pleure. Le paysan, croyant que Lyderic ignorait le danger qu'il y avait à s'approcher de cet endroit, lui dit qu'il se trompait sans doute ; que le rocher servait de caverne à un dragon qui avait dévoré déjà plus de mille personnes. Mais Lyderic répondit qu'il avait du charbon à faire en cet endroit, parce qu'on lui avait dit que c'était celui où il trouverait les chênes les plus beaux et les plus forts ; que, quant au dragon, s'il osait se montrer, il lui couperait la tête avec Balmung.

Le paysan, convaincu que Lyderic était fou, lui indiqua la route qu'il demandait, puis se sauva à toutes jambes en faisant le signe de la croix.

Lyderic entra dans le bois, et, lorsqu'il eut marché une heure à peu près dans la direction que lui avait indiquée le paysan, il reconnut à la beauté des chênes et à la force des hêtres qu'il devait approcher de la retraite du dragon. En outre, la terre était tellement semée d'ossements humains, qu'on ne savait où poser le pied pour n'en point marcher dessus. En effet, ayant fait quelques pas encore, il aperçut une énorme pierre, au bas de laquelle était l'ouverture d'une caverne. Comme cette pierre était toute mouillée par une source qui suintait le long de sa paroi, Lyderic reconnut la Roche qui pleure.

Lyderic pensa que le plus pressé était d'exécuter d'abord les ordres de maître Mimer. En conséquence, il se mit à faire choix d'un emplacement pour établir son fourneau ; puis, ce choix fait, il frappa si rudement avec Balmung sur les arbres qui l'entouraient, qu'en moins d'un quart d'heure il eut construit un énorme bûcher. Le bûcher construit, Lyderic y mit le feu.

Cependant, aux premiers coups qui avaient retenti dans la forêt, le dragon s'était éveillé et avait allongé la tête jusqu'à l'entrée de sa caverne. Lyderic avait vu cette tête qui le regardait avec des yeux flamboyants ; mais il avait pensé qu'il serait temps de s'interrompre de son ouvrage quand le dragon viendrait à lui. Cependant, soit que le monstre fût repu, soit qu'il vît à qui il avait affaire, il se tint tranquille tout le temps que Lyderic fut occupé à bâtir son fourneau ; mais, lorsqu'il vit briller la flamme, il se mit à siffler avec tant de violence, que tout autre que le jeune homme en eût été épouvanté. C'était déjà quelque chose, mais ce n'était point assez pour Lyderic, qui, afin de l'exciter davantage, prit des tisons ardents au bûcher et commença de les jeter à la tête du dragon.

Le monstre, provoqué d'une façon aussi directe, sortit de la caverne, déroula ses longs anneaux et s'avança en battant des ailes vers Lyderic, qui, après avoir fait une courte prière, lui épargna la moitié du chemin. Aussitôt commença un combat terrible, pendant lequel le dragon poussait de si horribles hurlements, que les animaux qui étaient à deux lieues à la ronde sortirent de leurs tanières et s'enfuirent : il n'y eut qu'un rossignol qui resta tout le temps de la lutte perché sur une petite branche au-dessus de la tête de Lyderic, ne cessant d'encourager le jeune homme par son chant. Enfin, le dragon, percé déjà par plusieurs coups de la terrible Balmung, commença de battre en retraite vers son repaire, laissant le champ de bataille tout couvert d'une mare de sang. Mais Lyderic prit un tison allumé à son fourneau, le poursuivit dans sa caverne, où il s'enfonça après lui, et, au bout de dix minutes, reparut à l'entrée, tenant, comme le chevalier Persée, la tête du monstre à la main.

Alors, en le voyant venir ainsi victorieux, le rossignol se mit à chanter :

« Gloire à Lyderic, au pieux jeune homme qui a mis sa confiance en Dieu au lieu de la mettre en sa force. Qu'il dépouille ses vêtements, qu'il se baigne dans le sang du monstre, et il deviendra invulnérable. »

Lyderic n'eut garde de négliger l'avis que lui donnait le rossignol ; il jeta aussitôt le peu de vêtements qu'il avait, s'approcha de la mare de sang qu'avait répandue le dragon ; mais, dans le trajet, une feuille de tilleul étant tombée sur son dos, elle s'y attacha, car, après un si rude combat, la peau du jeune homme était tout humide de sueur.

Lyderic se roula dans le sang du monstre, et, à l'instant même, tout son corps se couvrit d'écailles, à l'exception de l'endroit où était tombée la feuille de tilleul.

Le soir même, comme son charbon était fait, Lyderic en chargea un grand sac sur son dos, et, prenant à la main la tête du dragon, il s'achemina vers la forge de maître Mimer, où il arriva le lendemain matin.

L'étonnement fut grand à la forge : personne ne comptait plus voir Lyderic. Néanmoins, avec quelque sentiment qu'on le vit revenir, chacun lui fit bonne mine, et surtout Hagen, qui, pour rien au monde, n'aurait voulu que le jeune homme se doutât du mauvais tour qu'il avait voulu lui jouer. Mais le maître et lui, de plus en plus envieux contre Lyderic, rêvèrent aussitôt à quels nouveaux dangers ils pourraient l'exposer.

# IV

L yderic ne leur en donna pas le loisir, car le même jour il signifia à maître Mimer que, lui ayant, moins deux heures par jour, donné les semaines de son temps en échange de sa barre de fer, ils étaient quittes; en conséquence, il emportait Balmung et allait courir le monde pour y chercher des aventures, comme faisaient les chevaliers qui venaient tous les jours acheter des armes à la forge. Mimer fit alors observer au jeune homme que ce n'était point assez d'une épée pour se mettre en route dans une telle intention, et qu'il lui fallait encore une cuirasse; mais Lyderic lui répondit qu'une cuirasse lui était parfaitement inutile, attendu qu'après avoir tué le dragon il s'était baigné dans son sang, ce qui le rendait invulnérable, à l'exception d'une seule place, où était tombée une feuille de tilleul.

Maître Mimer et Hagen auraient bien voulu savoir quelle était cette place, mais ils n'osèrent pas le demander à Lyderic, de peur de lui inspirer des soupçons; ils prirent donc congé de lui avec les expressions de la plus cordiale amitié, et ayant, comme des Judas, le baiser sur les lèvres, mais la trahison dans le cœur.

Lyderic chercha partout Peters pour lui dire adieu, mais il ne put pas le trouver.

A cent pas de la forge, il rencontra l'enfant, qui l'attendait derrière un arbre.

— Frère, lui dit l'enfant qui croyait Lyderic son égal, mes compagnons de la forge me haïssent, parce que je t'aimais; je n'ose plus retourner auprès d'eux. Tu es fort et je suis faible, veux-tu que je t'accompagne? tu me défendras et je te servirai.

— Viens, dit Lyderic.

Et l'enfant et le jeune homme se mirent gaiement en voyage.

Ils marchèrent ainsi quinze jours, droit devant eux, sans savoir où ils étaient, mangeant des racines, buvant de l'eau, dormant au pied des arbres des forêts ou des bornes de la route, et confiants en Dieu, aux mains duquel ils avaient remis leur destinée.

Vers le soir du quinzième jour, ils arrivèrent dans un bois très-épais et très-magnifique, où ils entendirent les aboiements d'une meute et les cors des chasseurs. Lyderic se dirigea vers le bruit, car il était amoureux de tout amusement qui lui rappelait la guerre, et il arriva ainsi à un carrefour où il vit un sanglier monstrueux qui était acculé dans un bouge et qui tenait tête aux chiens. En même temps, un cavalier richement vêtu, et qui était si bien monté qu'il précédait tous les autres chasseurs de plus de deux traits de flèche, accourut par une des allées, un épieu à la main, et, sans attendre sa suite, s'élança vers le sanglier, qu'il frappa courageusement de son arme; mais aussitôt le sanglier, furieux de sa blessure, abandonna les chiens auxquels il faisait tête, et, piquant droit à son antagoniste, il passa entre les jambes du cheval, dont il ouvrit le ventre d'un coup de boutoir, et cela de telle façon, que ses entrailles en sortirent et tombèrent jusqu'à terre. Le cheval, se sentant si cruellement blessé, se cabra de douleur et se renversa sur son maître.

Aussitôt le sanglier, la soie hérissée et faisant claquer ses boutoirs, revint sur celui qui l'avait blessé; mais Lyderic, d'un seul bond, s'élança entre l'animal et le cavalier renversé, et, d'un seul coup de Balmung, perça le sanglier de part en part. Puis aussitôt, courant à celui auquel il venait de sauver la vie, il le tira de dessous son cheval. Pendant ce temps, Peters coupait la hure du sanglier et la présentait à Lyderic, qui la déposa aux pieds du chasseur, comme étant celui à qui elle devait appartenir de droit.

En ce moment, tout le reste de la chasse arriva, et chacun, sautant à bas de cheval, s'empressa de demander au noble chasseur s'il n'était point blessé; mais celui-ci, pour toute réponse, présenta Lyderic aux seigneurs qui l'entouraient en leur disant :

— Que ceux qui sont aises de me voir sain et sauf remercient ce jeune homme, car c'est à lui que je dois la vie. Aussitôt tous les chasseurs entourèrent Lyderic, en lui faisant force compliments, que Lyderic leur laissa faire en les regardant, tout étonné d'être ainsi félicité pour une action qui lui avait paru à lui si simple et si naturelle. Enfin les félicitations allèrent si loin, que Lyderic, croyant ces gens fous, demanda dans quel pays il était et quel était l'homme auquel il venait de sauver la vie.

Les courtisans lui répondirent qu'il était dans la

Le roi Dagobert.

forêt de Braine, et que celui auquel il venait de sauver la vie était le roi Dagobert.

Lyderic, qui connaissait par renommée la sagesse et le courage de ce prince, dont le nom, en langue teutonique, voulait dire *brillante épée*, s'avança alors modestement vers lui, et, mettant un genou en terre, il lui fit un compliment si bien tourné, que Dagobert, voyant qu'il avait affaire à un jeune homme d'une condition plus distinguée que ne l'indiquaient ses vêtements, le releva aussitôt en lui demandant à son tour d'où il venait et qui il était.

— Hélas! sire, dit Lyderic, je ne puis répondre qu'à la première de ces deux questions. Je viens du bois Sans-Merci, qui est situé dans les environs du château du prince de Buck, sans m'être arrêté autrement que six semaines à la forge de maître Mimer pour me forger cette épée. Quant à ce qui est de ce que je suis, je ne me connais pas moi-même, ayant été trouvé sous un buisson, près de la fontaine de Saulx, par un digne et bon ermite qui m'a élevé, et dont, vivant, je n'eusse jamais quitté la personne, ni mort, la tombe, si un rossignol ne m'avait dit que le premier devoir d'un enfant était de chercher à connaître sa mère. Alors je me suis mis en route, m'en rapportant à Dieu du choix du chemin. Dieu a choisi le bon, puisqu'il m'a conduit ici assez à temps pour sauver la vie au plus grand roi de la chrétienté.

— Oui, tu as raison, mon enfant, et c'est Dieu lui-même qui t'a conduit ici, reprit le roi Dagobert; car peut-être pourrai-je t'apprendre ce que tu ignores. Éloi, continua le roi en se tournant vers le digne évêque de Noyon, qui était tout à la fois son orfèvre, son trésorier et son ministre, qu'avez-vous fait de la lettre que nous avons reçue ce matin même de notre vassale la noble princesse de Dijon, dame Ermengarde de Salwart, dont nous avions mis la principauté en tutelle, la croyant morte, et qui n'était que prisonnière du prince de Buck.

— La voici, sire, dit Éloi.

C'était une lettre que la princesse de Dijon avait enfin réussi à faire parvenir au roi par un des hommes d'armes du prince de Buck, qu'elle avait séduit en lui donnant une bague qui valait bien six mille livres tournois.

Le roi prit la lettre et la lut.

C'était mot pour mot le récit de la manière dont son mari et elle avaient été attaqués dans la forêt Sans-Merci par le prince de Buck et ses gens; puis elle racontait la façon dont elle s'était laissée glisser de cheval avec son enfant, comment elle avait déposé cet enfant, qui était un garçon, dans un buisson près d'une fontaine ombragée par des saules; puis enfin comment, dans l'espérance que Dieu veillerait sur lui, elle l'avait laissé là pour rejoindre son mari blessé, lequel était mort dans la nuit suivante. Depuis ce temps, elle était prisonnière du prince de Buck et n'avait jamais voulu consentir à aucune rançon, regardant la principauté de Dijon comme l'apanage de son enfant.

En conséquence, elle suppliait le roi Dagobert, non pas de la venir délivrer, car elle ne voulait pas entraîner son suzerain dans une guerre avec un vassal si puissant que le prince de Buck, mais de faire chercher son fils, qui devait avoir dix-huit ans, et de lui rendre la principauté de Dijon, qui était l'héritage de son père.

Elle espérait qu'on reconnaîtrait cet enfant à un chapelet qu'elle lui avait roulé autour du cou, lequel chapelet soutenait une médaille à l'effigie de la Vierge.

Pendant tout le temps qu'avait duré la lecture, Lydéric avait écouté, les mains jointes et les larmes aux yeux; mais, lorsque le dernier paragraphe fut fini, il poussa un grand cri de joie, et, ouvrant son habit, il montra au roi la médaille et le chapelet.

Le roi Dagobert avait d'abord voulu faire du meurtre de Salwart et de l'emprisonnement d'Ermengarde par le prince de Buck une affaire de suzerain à vassal; mais Lydéric, se jetant à ses genoux, avait réclamé, comme un droit à lui apparte-nant, la vengeance de son père et de sa mère, et cela avec tant d'instances, qu'il avait été forcé de lui accorder sa demande, et qu'il avait autorisé Lydéric à défier Phinard, promettant de plus au jeune homme que, si Phinard acceptait le défi, il l'armerait lui-même chevalier et se déclarait d'avance son parrain.

En conséquence, Dagobert ordonna que le héraut de France se tînt prêt pour aller défier le prince de Buck; mais, cette fois encore, Lydéric lui fit observer que, puisque c'était une affaire particulière, c'était un héraut particulier qui devait porter ses lettres de défiance. Dagobert se rendit à ses raisons, et laissa Lydéric libre de choisir son héraut, se chargeant seulement de lui donner une suite digne d'un prince. Lydéric choisit Peters, car, quoique l'enfant eût à peine quatorze ans, il connaissait tellement la grande amitié qu'il lui portait, qu'il se fiait plus à lui qu'à qui que ce fût au monde.

Peters partit accompagné de six écuyers et de vingt hommes d'armes, et, traversant toute la Picardie, il entra en Flandre et vint jusqu'au château de Phinard, qui s'élevait à l'endroit même où est situé aujourd'hui le pont de Phin, dans la ville de Lille, qui, à cette époque, n'existait pas encore; arrivé devant la porte, il s'arrêta avec sa troupe et sonna du cor. Alors la sentinelle sortit de l'échauguette et lui demanda ce qu'il voulait. Peters répondit au soldat qu'il n'avait pas affaire aux valets, mais au maître, et qu'il eût à aller chercher son maître. Si hautaine que fût cette réponse, comme il était facile de juger, d'après la suite de celui qui l'avait faite, qu'il avait le droit de parler ainsi, le soldat alla prévenir le prince de Buck.

Celui-ci, qui était en train de déjeuner, se retourna de fort mauvaise humeur en voyant entrer ce message, car il n'aimait pas à être dérangé pendant ses repas, si bien qu'il y avait des peines très-fortes contre ceux qui se permettaient de contrevenir à ses ordres; en conséquence, il avait déjà donné l'ordre à deux de ses gardes de saisir le soldat et de le battre de verges, lorsque celui-ci lui fit observer bien humblement qu'il n'avait pris la liberté d'entrer que parce que celui qui l'envoyait était suivi d'écuyers à la livrée du roi de France, ce qui était facile à voir aux fleurs de lis sans nombre qui parsemaient leur manteau. À ces mots, le prince de Buck se leva vivement, et, comme le roi de France était son seigneur suzerain et qu'il connaissait sa sagesse et son courage, il n'eût voulu pour rien au monde se brouiller avec lui; il se rendit donc sur le rempart pour s'assurer si le soldat lui avait bien dit la vérité, et s'il n'avait pas été trompé par quelque fausse apparence, mais, au premier coup d'œil qu'il jeta sur la troupe qui était arrêtée devant la porte du château, il vit bien, comme le soldat, que ceux qui étaient là venaient de la part du roi Dagobert. En conséquence, il donna aussitôt l'ordre de baisser le pont-levis, afin de recevoir avec tous les honneurs qui lui étaient dus celui qui venait au nom de son suzerain; mais Peters, ayant entendu cet ordre, étendit la main en signe qu'il voulait parler. Chacun écouta.

— Prince de Buck, dit Peters, il est inutile que tu fasses lever la herse et baisser le pont-levis, je n'entrerai pas dans ton château; car ton château est celui d'un traître et d'un meurtrier : écoute donc d'ici et à la face de tous, ce que j'ai à te dire :

« Je viens, au nom de ton seigneur suzerain, le très-grand, très-bon et très-noble roi Dagobert, te dire qu'il te somme d'avoir à répondre d'ici en un mois, devant les pairs du royaume assemblés, aux charges et accusations que porte contre toi mon maître, le très-haut et très-puissant seigneur Lyderic, prince de Dijon, fils du très-noble prince Salwart et de très-vertueuse dame Ermengarde; premièrement, touchant le meurtre de son père traîtreusement assassiné par toi dans le bois Sans-Merci, et, secondement, touchant la détention injuste et cruelle que, depuis dix-huit ans, tu fais subir à sa mère; si mieux tu n'aimes toutefois accepter l'offre que, sous la protection du roi, te porte le seigneur Lyderic, mon maître, du combat à outrance à pied ou à cheval, avec la lance, l'épée ou le poignard.

« Et, en signe de défi, voici le gant que mon maître me charge de clouer à la porte de ton château. »

Et, ce disant, il s'avança jusqu'à la porte sur son cheval, et, faisant ce qu'il avait dit, il y cloua le gant avec son poignard.

Si insolent que fût ce défi, le prince de Buck, qui savait dans l'occasion être patient comme un anachorète, écouta d'un bout à l'autre avec un calme apparent; puis, quand Peters eut fini :

— C'est bien, lui dit-il, retournez vers le roi mon seigneur et maître, et l'assurez de ma part que je n'ai commis ni félonie ni trahison; le prince de Salwart est tombé dans un combat et non dans un guet-apens. Au reste, j'accepte le défi de celui qui m'accuse, et l'issue du combat prouvera, je l'espère, de quel côté est le bon droit et la vérité.

Quant à la princesse Ermengarde, dont celui qui vous envoie réclame la liberté, dites-lui que je lui offre de vider notre différend ici même, afin que s'il a le dessus, comme il s'en vante follement, il n'ait pas la peine de se transporter trop loin pour la délivrer.

Et maintenant, si vous voulez entrer dans ce château, vous y serez reçu et traité comme a le droit de l'être, chez un vassal, l'envoyé de son souverain.

Mais, au lieu d'accepter cette offre, Peters secoua la tête, et, ayant sonné une seconde fois du cor en manière de congé, il repartit au galop avec toute sa suite, et vint rapporter au roi Dagobert et au prince Lyderic la réponse de Phinard.

Rien ne pouvait être plus agréable au jeune homme que cette réponse que Phinard avait faite, non pas que ce dernier comptât sur son bon droit, mais se fiant sur sa force. Il demanda donc à Dagobert d'activer autant que possible les préparatifs de son voyage, ayant hâte de délivrer sa mère.

Pendant ce temps le prince de Buck, qui avait ignoré jusque-là qu'il y eût un héritier du nom de Salwart, fit descendre Ermengarde et lui demanda ce que c'était qu'un certain Lyderic qui se faisait passer pour son fils, et qui, sous la protection du roi de France, était venu le provoquer au combat. Alors Ermengarde, pour toute réponse, tomba à genoux, remerciant Dieu avec une telle expression de reconnaissance, que Phinard n'eut plus de doute que le héraut n'eût dit la vérité. Alors il demanda à la princesse comment il se faisait qu'elle ne lui avait jamais parlé de ce fils, et Ermengarde répondit que c'est qu'elle avait craint qu'il ne s'en emparât et ne le fît mourir; mais que, puisqu'à cette heure il était sous la protection d'un aussi grand roi que le roi des Francs, et par conséquent n'avait rien à craindre, elle pouvait tout lui dire. En effet, elle lui raconta comment les choses s'étaient passées. Phinard demanda alors quel âge avait ce fils. Ermengarde répondit qu'il pouvait avoir dix-huit ou dix-neuf ans, et Phinard se mit à rire; car il lui semblait étrange qu'un enfant de cet âge vînt s'attaquer à lui, qui était dans toute la force de la virilité, et si expert dans les armes, qu'à cent lieues à la ronde nul homme peut-être n'eût osé se mesurer contre lui. Il attendit donc avec une tranquillité parfaite l'arrivée de son adversaire, convaincu qu'il en aurait bon marché.

Il était dans cette persuasion lorsqu'un matin la sentinelle vint lui dire qu'on apercevait une grosse troupe de cavaliers qui s'avançait vers le château de Buck. Phinard monta aussitôt sur une tour, et, ayant bientôt reconnu que c'était le roi de France et sa cour, il fit ouvrir les portes et s'avança au-devant de lui avec toute sa garnison, mais tête nue et sans armes, comme il convenait à un vassal devant son maître.

A la droite du roi était Lyderic, monté sur un magnifique cheval que lui avait donné le roi, et dont les housses de velours frangées d'or traînaient jusqu'à terre. A gauche était le digne évêque de Noyon, dont Dagobert ne pouvait se passer un seul instant, en ce qu'il le consultait sur toute chose.

Phinard, après avoir jeté sur Lyderic un regard rapide, mais scrutateur, qui le rassura encore, vu son extrême jeunesse, invita toute la chevauchée à entrer au château. Mais Dagobert répondit qu'une accusation d'assassinat et de forfaiture pesant sur lui, il ne pouvait entrer dans son château tant qu'il n'en serait pas lavé.

—Vous entendez? dit le roi en se tournant vers le prince de Buck.

Alors Phinard répéta ce qu'il avait déjà dit : que la mort de Salwart était la suite d'un combat, et non d'un guet-apens, et qu'Ermengarde n'était restée prisonnière qu'à la suite de démêlés d'intérêts, ne voulant pas lui rendre, à lui Phinard, certaines portions de la principauté de Dijon sur lesquelles il prétendait avoir des droits. Mais Lyderic ne put supporter plus longtemps qu'un mensonge si évident fût proféré devant lui.

— Sire, dit-il en s'adressant au roi, cet homme ment par la gorge; d'ailleurs je ne suis pas venu, avec la permission de Votre Majesté, pour écouter ses raisons, mais pour mesurer mon épée avec la sienne; que Votre Majesté veuille donc bien ordonner que les préparatifs du combat soient faits à l'instant même, car depuis dix-huit ans ma mère est prisonnière et attend l'heure à laquelle elle reverra son fils.

— Vous entendez? dit le roi en se tournant vers le prince de Buck.

— Oui, sire, répondit Phinard, et je n'ai pas moins de hâte d'en venir aux mains que celui qui m'accuse, et la fin du combat, je l'espère, me sera plus agréable encore que le commencement.

.J. A. BEAUCÉ.     *Pouget*

Ce qui fit frissonner tout le monde, c'est que ce chevalier était de marbre. — PAGE 18.

— Que l'on prépare donc à l'instant la lice, dit le roi, et que chaque champion songe à mettre sa conscience en repos, car le jugement de Dieu aura lieu demain matin, et malheur à celui que le Seigneur appellera pour l'interroger sans qu'il soit préparé à lui répondre.

Phinard s'inclina et rentra dans son château. Le roi Dagobert fit poser ses tentes à l'endroit même où il était; et l'espace qui se trouvait compris entre le camp royal et la forteresse princière fut désigné pour la lice.

L yderic passa la fin de la journée en prières; puis, vers la point du jour, il se confessa au saint évêque de Noyon, qui lui donna l'absolution de ses péchés.

Quant au prince de Buck, il agit d'une bien autre façon : car, complétement rassuré par la vue du jeune homme contre lequel il allait combattre, il n'avait conservé aucune crainte, et, si mauvaise que fût sa cause, il comptait bien que son bras ne lui ferait pas défaut dans une pareille occasion. Au lieu de passer la nuit en prières et en dévotions, comme il aurait dû faire, il commanda donc un grand souper, afin de faire fête à tous ses officiers, et, en manière de brave, il invita la princesse Ermengarde à en venir prendre sa part en lui disant qu'il lui avait réservé une place à sa table en face de lui.

La princesse Ermengarde fit répondre à Phinard que la seule table dont elle dût s'approcher en un pareil moment était celle du Seigneur. En effet, le messager rapporta à Phinard qu'il avait trouvé Ermengarde agenouillée dans la chapelle.

Phinard se mit joyeusement à table avec ses officiers, en laissant la place de la comtesse vide, afin que, si elle changeait d'avis, elle pût la venir prendre; puis il s'assit en face de cette place, et donna le signal en se versant à boire et en passant à ses convives une cruche pleine de vin.

Le souper se prolongea fort avant dans la nuit au milieu des chants de joie, des blasphèmes et des éclats de rire ; tandis que la cloche sonnait tristement les heures que le temps emportait et que Phinard aurait dû employer d'une tout autre façon.

Au premier coup de minuit, les lampes pâlirent, et l'on entendit comme un pas lourd qui s'approchait lentement par la salle d'armes, à l'autre extrémité de laquelle était la chapelle ; chacun se retourna en silence du côté par où venait le bruit; et, comme la cloche frappait pour la douzième fois, la porte s'ouvrit, et un chevalier parut.

Mais ce qui fit frissonner tout le monde jusqu'au fond du cœur, c'est que ce chevalier était de marbre, et que chacun reconnut en lui la statue du père du prince de Buck, qui depuis trente ans était restée immobile et couchée sur son tombeau.

À cet aspect, tout le monde se leva, et Phinard comme les autres ; seulement, peut-être était-il encore plus pâle que les autres, car il savait que c'était une habitude dans sa famille, que les pères vinssent prévenir ainsi les fils, la veille de leur mort.

La statue s'avança d'un pas lent et roide, la visière de son casque levée et ses yeux de marbre fixés sur Phinard ; puis elle vint s'asseoir à la place vide en face de lui.

Alors Phinard ordonna à l'échanson de remplir la coupe de son père, et à l'écuyer tranchant de lui couvrir son assiette. Mais ni l'un ni l'autre n'osèrent s'approcher du convive de pierre. Phinard se leva, remplit la coupe de son père du meilleur vin qui eût été servi à souper, et couvrit son assiette d'une tranche de viande coupée au meilleur morceau. La statue le regardait faire, tournant la tête sur son cou roide, sans que le reste du corps bougeât de place. Mais elle ne décroisa pas les mains de dessus sa poitrine, et ne but ni ne mangea ; seulement, lorsque Phinard se fut rassis à sa place, il lui semblait que deux grosses larmes coulaient des paupières de marbre de la statue : c'est que Phinard était le dernier de sa race, et que la statue, toute de marbre qu'elle était, pleurait de voir finir cette race d'une façon si fatale et si ignominieuse.

Les deux larmes roulèrent des joues sur les moustaches du vieux prince, puis des moustaches tombèrent sur la table. Alors les yeux de la statue redevinrent secs, et elle se leva, en faisant de la tête signe à Phinard de la suivre.

Phinard prit, dans une des mains de fer scellées au mur, une branche de sapin allumée, et suivit la statue; quant aux autres convives, ils restèrent immobiles à leurs places comme si eux-mêmes étaient devenus de pierre.

La statue, toujours suivie du prince, s'engagea dans la salle d'armes ; mais, au lieu de la traverser entièrement comme elle avait dû le faire pour venir de la chapelle, elle prit une porte latérale et sortit dans le préau ; arrivée là, elle retourna la tête pour voir si Phinard la suivait toujours, et, comme elle vit qu'il marchait derrière elle, elle continua son chemin, traversa le préau, entra dans une cour isolée où l'on jetait toutes sortes de débris, et s'arrêta près d'une tombe fraîchement creusée.

Phinard était passé pendant la soirée dans cette cour, et l'avait trouvée dans son état habituel ; la fosse avait donc été creusée pendant qu'il soupait. Phinard regarda autour de lui, et ne vit personne, si ce n'est la statue qui se remit en route, marchant toujours de son pas grave et inanimé.

Cette fois la statue se dirigeait vers la chapelle souterraine où était sa propre tombe, toujours suivie de Phinard, qui marchait derrière elle comme entraîné par une puissance surhumaine. Devant le fantôme de pierre, la porte s'ouvrit toute seule, et Phinard, en plongeant son regard sous la voûte, vit que la statue qu'il suivait manquait au tombeau. Seulement, le lion de marbre, qui était couché à ses pieds, en signe que le noble prince dont il gardait le corps était mort sur un champ de bataille, s'était levé sur ses pattes de devant, et, la tête tournée vers la porte, semblait attendre le retour de son maître. Alors la statue marcha droit au tombeau, s'étendit à la même place où elle dormait depuis trente ans ; le lion se recoucha à ses pieds, et tout rentra dans le silence et dans l'immobilité de la mort.

Phinard était un cœur de fer que le démon avait détourné de la voie où avaient marché ses ancêtres ; mais qui, pour être devenu criminel, n'en était pas moins ferme et moins puissant. Il voulut donc s'assurer qu'il n'était pas le jouet de quelque vision, et s'approcha du tombeau : la pierre s'était déjà reprise à la pierre comme si elle n'en avait jamais été séparée. Il tourna la tête alors du côté de la tombe de sa mère, placée en face de celle de son mari, et dont la statue était ordinairement couchée comme la sienne, excepté qu'au lieu d'avoir un lion à ses pieds, en signe de courage, elle avait un chien, en signe de fidélité. La statue maternelle avait miraculeusement changé de position : elle était à genoux et priait.

Dès lors, Phinard n'eut plus de doute que tout ceci ne fût un avertissement de Dieu : le fantôme de pierre était venu lui annoncer, comme c'était l'habitude, que son dernier jour était proche. La tombe qu'il lui avait montrée, creusée dans une terre profane, était la tombe infâme où il devait dormir jusqu'au jour du jugement dernier ; et sa mère, qu'il avait trouvée priant sur son tombeau, priait le Seigneur qu'à défaut du corps il sauvât au moins, dans sa miséricorde, l'âme de son fils.

Toutes ces choses apparurent aussi clairement à Phinard que s'il les voyait écrites en lettres de feu. Il retourna donc tout pensif dans la salle du festin ; la salle était vide, car chacun s'était promptement retiré de son côté. Phinard appela ses gens ; mais ce ne fut qu'au troisième appel qu'un vieux serviteur, qui savait par expérience combien il était dangereux de faire attendre son maître, se présenta tout tremblant.

— Mon vieux Niklans, dit le prince de Buck d'une voix douce, va me chercher le chapelain.

Le vieux serviteur regarda Phinard avec toutes les marques du plus profond étonnement. Celui-ci renouvela sa demande.

— Mais, monseigneur, répondit Nicklans, vous savez bien que voilà tantôt quinze ans que le chapelain est mort, et que, depuis ce temps, vous n'avez jamais songé à le remplacer.

— C'est vrai, répondit Phinard en soupirant, je l'avais oublié. Alors, va jusqu'au camp du roi des Francs, mon seigneur et maître, et supplie l'évêque de Noyon de venir entendre la confession d'un pauvre pécheur.

Le vieux serviteur obéit sans répliquer, et l'évêque le suivit sans même lui demander quel était l'homme qui réclamait son ministère.

Le lendemain, au point du jour, la lice étant prête, le roi Dagobert, accompagné de toute sa chevalerie, monta sur l'estrade qui lui avait été préparée. Quant à Lyderic, il était dans son pavillon, où le roi lui avait envoyé une magnifique armure forgée et bénie pour lui-même par l'évêque de Noyon ; mais, après en avoir essayé les différentes pièces, il s'était trouvé gêné dans toute cette ferraille, et, comme elle lui était inutile, puisqu'il était invulnérable, à l'exception de l'endroit où était tombée la feuille de tilleul, il l'avait renvoyée au roi, en lui faisant dire que sa coutume n'était point de combattre ainsi appareillé.

Six heures sonnèrent ; c'était l'heure fixée pour le combat, et l'on était fort étonné de n'avoir pas encore vu paraître le prince de Buck, qui devait occuper le pavillon opposé à celui de Lyderic ; mais le roi, ayant pensé qu'il se tenait tout armé derrière ses murailles, commanda que le signal fût donné comme s'il eût été présent, et la trompette retentit quatre fois, portant aux quatre coins de l'horizon le défi de Lyderic.

Le roi ne s'était point trompé ; le dernier appel guerrier venait d'expirer à peine, lorsque la porte du château s'ouvrit, et que Phinard parut, non pas armé comme on s'y attendait, monté sur son cheval de guerre et portant sa lance de bataille, mais à pied, le corps vêtu d'un sac, les cheveux couverts de cendres, pieds nus et la corde au cou ; derrière lui marchaient, montés sur deux magnifiques chevaux, la princesse de Dijon, portant son manteau et sa couronne, et le digne évêque de Noyon revêtu de ses habits épiscopaux ; puis enfin, derrière la princesse et l'évêque, toute la garnison couverte de ses armes défensives, mais sans casque et sans épée.

L'étrange cortège entra ainsi dans la lice, et Phinard, montant les degrés de l'estrade, vint s'agenouiller devant le roi. Alors chacun fit silence pour entendre ce qu'il allait dire.

— Sire, dit Phinard, vous voyez à vos genoux un grand pécheur que la grâce a touché et qui a mérité la mort, mais qui supplie Votre Majesté de lui accorder la vie pour qu'il puisse pleurer ses fautes et en obtenir le pardon de Dieu. Tout ce qu'a dit contre moi le seigneur Lyderic est vrai ; mais je le prie de me pardonner, comme m'a déjà pardonné sa noble mère, et de recevoir de moi, à titre d'expiation et de dédommagement du tort que je lui ai causé, ma principauté de Buck et mon comté d'Harlebecque, convaincu que je suis que je ne pouvais en faire don à un plus noble et à un plus brave que lui.

— Prince, répondit le roi, si ceux que vous avez tenus en oppression et en captivité vous ont pardonné, je n'ai pas le droit d'être plus sévère qu'eux : je vous fais donc grâce de la vie ; quant à votre âme, je n'ai aucun pouvoir sur elle, et c'est une affaire entre vous et Dieu. Prince de Dijon, ajouta le roi en se retournant du côté de Lyderic, avez-vous entendu, et pardonnez-vous à Phinard comme je lui pardonne ?

Mais Lyderic était déjà dans les bras de sa mère. Ermengarde, en voyant paraître ce beau jeune homme à la porte de son pavillon, l'avait instinctivement reconnu pour son enfant ; et tous deux s'approchant du roi :

— Oui, sire, dit Ermengarde, et non-seulement nous lui pardonnons, tant notre cœur est joyeux, mais encore nous supplions Votre Majesté de lui laisser son titre et ses biens au moins pendant sa vie durant. Notre principauté de Dijon est assez noble et assez puissante pour donner dans l'occasion à notre bien-aimé fils le pouvoir de servir efficacement Votre Majesté.

Mais Phinard n'attendit pas même que le roi manifestât son intention sur ce point ; et, déposant aux pieds du roi les clefs de son château, il lui dit qu'il en faisait, ainsi que du reste de ses terres, l'abandon à l'instant même, et qu'il ne s'y réservait, avec la permission du nouveau maître, que les six pieds de terre où était creusée la fosse miraculeuse à laquelle il devait sa conversion. Puis, à ces mots, dits avec une telle fermeté que chacun vit bien que sa résolution était prise, il salua le roi et s'enfonça dans la forêt, où on le vit disparaître.

Le même jour, le roi reçut, dans le château même de Buck, le serment et l'hommage de Lyderic pour la principauté de Dijon, la principauté de Buck et le comté d'Harlebecque, et, voulant ajouter un nouveau titre à ceux qu'il avait déjà, il le nomma premier forestier de Flandre.

Puis, quand le roi eut été bien fêté avec toute sa cour au château de Buck, il reprit la route de Soissons, sa capitale.

L'étrange cortège entra ainsi dans la lice. — Page 19.

## VI

L e premier soin de Lyderic fut de faire avec sa mère un voyage par tous ses domaines anciens et nouveaux, afin d'y établir des délégués qui, en son absence, pussent rendre la justice comme s'il eût été toujours là. Pendant trois mois que dura le voyage, ce ne furent que fêtes; car Ermengarde était fort aimée de ses sujets, et, pendant son absence, les mères avaient parlé d'elle à leurs filles, et les pères à leurs fils, et il ne s'était point passé de dimanche que l'on n'eût prié dans chaque église pour son retour. La joie était donc grande de voir ces longues prières exaucées au moment où on y comptait le moins.

De retour au château de Buck, Ermengarde demanda à son fils si, pendant toute la tournée qu'ils venaient de faire, il n'avait pas vu quelque noble jeune fille qu'il jugeât digne de son amour. Mais Lyderic répondit que non, et que, jusqu'alors, ni dans ses voyages, ni dans la cour du roi Dagobert, ni dans ses propres domaines, il n'avait vu encore femme qu'il se sentît disposé à aimer. Cette réponse fit grande peine à la bonne dame, car elle commençait à se faire vieille, et, avant de mourir, elle aurait bien voulu embrasser ses petits-enfants.

Le soir, Lyderic descendit au jardin, et il y resta plus tard qu'à l'ordinaire, car la demande de sa mère l'avait rendu tout pensif. Il était donc assis sur un banc, le front appuyé entre ses mains, lorsqu'un rossignol vint se percher sur sa tête et se mit à chanter :

« Il y a dans un pays lointain une jeune fille plus blanche que la neige, plus fraîche que l'aurore et plus pure que l'eau du lac Sandhy, au fond duquel on voit se former les perles ; elle n'a jamais aimé encore, car elle ne doit aimer que celui qui aura conquis le grand trésor des Niebelungen et le casque qui rend invisible. Cette jeune fille, plus blanche que la neige, plus fraîche que l'aurore et plus pure que l'eau du lac Sandhy, au fond duquel on voit les perles se former, est la belle Chrimhilde, sœur de Gunther, roi des Higlands. »

Le lendemain Lyderic dit à sa mère que la seule femme qu'il épouserait jamais serait la belle Chrimhilde, sœur de Gunther, roi des Higlands. Ermengarde demanda quelle était cette belle Chrimhilde et où était situé le royaume des Higlands. Lyderic répondit qu'il n'en savait rien, mais que le soir même il se mettrait à la recherche de l'un et de l'autre.

En effet, le soir même Lyderic, ayant laissé le gouvernement de ses États à sa mère, ceignit son épée Balmung, monta sur le cheval que lui avait donné le roi Dagobert, et, suivi de Peters, son écuyer, se mit à la recherche de la belle Chrimhilde.

Lyderic fit plusieurs centaines de lieues, marchant par monts et vaux, mais sûr de ne pas se tromper, car le rossignol voletait devant lui, s'arrêtant le soir sur l'arbre sous lequel il était couché, et se posant sur le mât de sa barque ou de son navire lorsqu'il traversait des fleuves ou des bras de mer. Enfin il arriva un soir dans un pays qui lui parut magnifique, et, comme d'habitude, il se coucha avec Peters sous un arbre ; le rossignol se percha dessus, et les chevaux se mirent à paître à l'entour.

Le lendemain, au point du jour, il se fit un tel bruit, qu'il se réveilla. Il voulut regarder ce qui le causait ; mais, lorsqu'il essaya de se lever, la chose lui était impossible : il était attaché à la terre non-seulement par le corps, mais encore par les bras, par les mains, par les jambes et par les cheveux. Alors il entendit autour de lui de grands éclats de rire, et en même temps une voix menaçante retentit à son oreille, et lui dit :

— Qui es-tu? que veux-tu? où vas-tu?

Lyderic fit un si grand effort pour se tourner du côté d'où venait la voix, qu'il arracha les liens qui tenaient sa tête, de sorte qu'il put voir celui qui lui parlait ainsi. C'était un petit homme de deux pieds de haut, avec une longue barbe blanche et une couronne d'or sur la tête ; il tenait à la main un fouet d'or à quatre chaînes d'acier, et au bout de chaque chaîne il y avait un diamant brut dont chaque angle était plus effilé qu'un rasoir, de sorte que, lorsqu'il frappait avec ce fouet, il faisait d'un coup sept blessures. Comme il ne doutait pas que ce ne fût ce nain qui lui eût adressé la parole, il répondit :

— Je suis Lyderic, premier comte de Flandre ; je veux conquérir le trésor des Niebelungen et le casque qui rend invisible, et je vais à la recherche de la princesse Chrimhilde, sœur de Gunther, roi des Higlands.

— Eh bien ! dit le nain à la barbe blanche, ton voyage est fini, car tu es dans le pays des Niebelungen ; seulement, au lieu de conquérir leur trésor et le casque qui rend invisible, tu travailleras le reste de la vie aux mines de Sauten. Ton écuyer sera gardien de mes pourceaux, tes deux chevaux tourneront la meule de mes moulins à huile, ton rossignol chantera dans une cage attachée à ma fenêtre, et la princesse Chrimhilde, lassée de t'attendre, en épousera un autre ou mourra vierge comme la fille de Jephté ; et, afin que tu ne puisses douter de la vérité de ce que je te dis, sache que je suis le puissant Alberic, roi des Niebulungen.

À ces paroles menaçantes, auxquelles les oreilles du jeune comte avaient été si peu habituées jusqu'alors, il fit un si terrible mouvement, qu'il dégagea sa main droite des liens qui la retenaient, et, du même coup, saisit le roi Alberic par la barbe ; mais celui-ci, brandissant son fouet d'or, en porta au comte de Flandre un coup si violent, que l'un des diamants ayant justement frappé à l'endroit où il n'était pas invulnérable, la douleur lui fit lâcher prise.

Aussitôt le roi appela à lui toute son armée, et Lyderic sentait qu'on le frappait de tous côtés avec toutes sortes d'armes, et, au milieu de tous les coups qu'il recevait et qui s'émoussaient sur lui, il sentait les coups du fouet d'or rapides et redoublés comme ceux d'un fléau qui bat le grain dans une grange. Alors Lyderic vit bien qu'il n'y avait pas de temps à perdre ; il fit un effort pareil à ceux qu'il avait déjà faits, et parvint à dégager son bras gauche et à s'asseoir. En cette position, il put voir toute la plaine couverte, à un quart de lieue autour de lui, de l'armée des Niebelungen, qui formait bien huit à dix mille hommes, les uns à cheval et armés de haches et de sabres, les autres à pied et armés de lances et de hallebardes. À leur tête était le roi Alberic, à qui on venait d'amener son coursier de bataille, et qui s'empressait de le monter, jugeant le cas où il se trouvait plus grave qu'il ne l'avait cru d'abord. En outre, un groupe d'une centaine de personnes emmenait Peters prisonnier avec les deux chevaux, et une espèce de nain tout noir emportait, tout en dansant et en grimaçant, le rossignol dans sa cage.

Cette vue donna à Lyderic une plus grande douleur que n'aurait pu le faire son propre danger. Il dégagea donc aussitôt ses cuisses et ses jambes, et, se dressant sur ses pieds, il tira Balmung, et, s'élançant sur ceux qui emmenaient Peters, ses chevaux et le rossignol, il se mit à frapper sur eux comme s'il avait affaire à des géants; de sorte qu'on vit à l'instant voler les bras et les têtes d'une si rude façon, que chacun lâcha ce qu'il tenait et se mit à fuir : il n'y eut que le nègre qui ne voulut pas lâcher le rossignol; mais Lyderic fit trois pas dans sa direction, le saisit par le milieu du corps, lui arracha la cage des mains, et, comme le nain se tordait entre ses doigts, avec de grands cris et en essayant de le mordre au lieu de demander grâce, il le jeta rudement à terre et l'écrasa avec son talon, comme on fait d'une bête malfaisante.

Aussitôt il détacha les liens de Peters, coupa les entraves des chevaux et ouvrit la cage du rossignol, de sorte que chacun se retrouva en liberté.

Mais Lyderic comprit, au bruit qui se faisait autour de lui, que rien n'était fait encore, et qu'au contraire l'affaire ne faisait que de s'engager. En effet, en se retournant, il vit que le roi avait fait ses dispositions pour une attaque générale : ayant divisé son armée en trois corps, deux d'infanterie et un de cavalerie, qui devaient l'attaquer en face et sur les flancs, tandis qu'un régiment tout entier filait de l'autre côté d'une montagne, avec l'intention de le venir surprendre par derrière.

Lyderic songea un instant s'il ne monterait pas à cheval pour charger tous ces myrmidons; mais, réfléchissant que son cheval, n'étant point invulnérable comme lui, lui serait plutôt un embarras qu'un secours, il fit placer Peters et les deux coursiers à l'arrière-garde, avec ordre positif de ne pas bouger, et se résolut de combattre à pied. Quant au rossignol, il était sur son arbre, et, joyeux de se retrouver libre, il chantait que c'était merveille.

Alors la bataille commença. Attaqué en face par le roi et sa cavalerie, attaqué sur les deux flancs par l'infanterie, et menacé sur ses derrières par un régiment, Lyderic commença à faire le moulinet avec Balmung, de façon à répondre à la fois à tous les assaillants. Heureusement, si les Niebelungen étaient nombreux, le comte de Flandre était infatigable, et un moissonneur eût été lassé qui eût abattu autant d'épis dans sa journée qu'au bout d'une heure il avait abattu d'hommes.

Alors Lyderic vit bien qu'il fallait procéder par

méthode. Il s'attacha donc à l'aile gauche, qu'il détruisit entièrement; puis il se retourna vers l'aile droite, qu'il mit en fuite; de sorte qu'il n'eut plus affaire qu'au roi et à sa cavalerie; quant au régiment qui devait le venir prendre par derrière, il avait été tenu en respect par Peters, et n'avait point osé s'approcher.

Il ne lui restait donc plus à combattre que le roi et sa cavalerie; mais Alberic était tellement acharné contre lui, que c'était le plus fort de la besogne. Il y avait dans ce petit corps l'âme et la force d'un géant; de sorte que Lyderic, sans s'inquiéter du reste de la cavalerie, ne s'occupa plus que du roi, qui évitait avec une merveilleuse agilité les coups de Balmung, et sanglait Lyderic de si rudes coups avec son fouet d'or, que tout autre que lui en eût eu le corps en lambeaux; enfin Lyderic, d'un coup de Balmung, finit par couper les deux jambes de devant au cheval du roi, qui s'abattit et le prit sous lui. Aussitôt Lyderic mit la pointe de Balmung sur la poitrine du roi, qui lâcha son fouet d'or en criant merci, et promettant, si le comte de Flandre voulait lui laisser la vie, de lui livrer le grand trésor des Niebelungen et le casque qui rend invisible. Quant au reste de la cavalerie, voyant le roi abattu, elle avait pris la fuite.

Lyderic remit Balmung au fourreau, tira le roi Alberic de dessous son cheval, et, lui ayant lié les deux mains avec sa barbe, ramassa le fouet d'or, et ordonna au roi de marcher devant lui pour le conduire à l'endroit où était caché le grand trésor des Niebelungen. Peters, les deux chevaux et le rossignol suivirent Lyderic.

Après avoir marché une demi-heure à peu près, on arriva à un endroit tellement fermé par des rochers, qu'il semblait qu'on ne pût pas aller plus loin. Alors Alberic dit au comte de toucher la pierre avec son fouet d'or, et la pierre s'ouvrit aussitôt, formant une entrée assez grande pour que le roi, le comte, Peters et les deux chevaux pussent passer; quant au rossignol, il resta dehors, tant il avait peur que cette entrée ne fût celle d'une énorme cage.

Le comte de Flandre et Alberic s'avancèrent à travers une colonnade magnifique, car chaque colonne était de jaspe, de porphyre ou de lapis-lazuli, jusque dans une grande salle carrée, toute en malachite, qui avait une porte à chacune de ses faces; chacune de ces portes donnait dans une chambre toute pleine de pierres précieuses, et s'appelait du nom du trésor qu'elle renfermait : il y avait la porte des perles, la porte des rubis, la porte des escarboucles et la porte des diamants. Alberic lui ouvrit les quatre portes et lui dit de prendre ce qu'il voudrait.

Comme il aurait fallu plus de cinq cents voitures pour emporter tout ce qu'il y avait là de pierres précieuses, Lyderic se contenta de remplir quatre paniers que lui apporta le roi, le premier de perles,

Le comte de Flandre et Alberic s'avancèrent à travers une colonnade magnifique. — Page 23.

le second de rubis, le troisième d'escarboucles et le quatrième de diamants, et fit charger par Peters les quatre paniers sur ses deux chevaux; puis il dit au roi Alberic, qui le pressait d'en prendre davantage, que ce qu'il en avait lui suffisait pour le moment, et que quand il n'en aurait plus il en reviendrait chercher.

Alors Alberic demanda au comte de Flandre qu'il voulût bien, puisqu'il l'avait loyalement conduit à son trésor, lui délier les mains et lui rendre son fouet d'or, et qu'alors il le mènerait avec la même fidélité à la caverne où était le casque qui rend in-

visible; il se fondait sur ce que le casque étant gardé par un géant que l'on nommait Taffner, le géant ne lui obéirait pas s'il le voyait désarmé. Lydéric répondit que, si le géant n'obéissait pas, c'était son affaire à lui de le faire obéir, et qu'il en viendrait bien à bout; mais à ceci Alberic répondit à son tour que le géant n'aurait qu'à mettre le casque sur sa tête, et qu'alors il disparaîtrait, sans que ni l'un ni l'autre sussent où le retrouver. Cette raison parut si plausible au comte de Flandre, qu'il délia les mains du roi et qu'il lui rendit son fouet d'or. Le nain parut très-sensible à cette marque de confiance, et,

A l'instant même, casque, tête et tronc devinrent visibles. — Page 26.

étant sorti avec Lyderic, Peters et les deux chevaux chargés de la roche précieuse, il s'achemina vers une autre partie du royaume des Niebelungen, où l'on voyait s'élever un rocher si sombre, qu'on eût dit qu'il était de fer. Pendant qu'ils marchaient ainsi, le rossignol voletait d'arbre en arbre et chantait :

« Prends garde à toi, Lyderic, prends garde ! la trahison a des yeux de gazelle et une peau d'hermine, et ce n'est que tombé dans le piège que l'on sent ses griffes de tigre et son dard de serpent. Prends garde à toi, Lyderic, prends garde ! »

Et Lyderic, sans perdre de vue le roi des Niebelungen, faisait signe de la tête au rossignol qu'il l'entendait, et continuait son chemin ; mais, au fond du cœur, il pensait que le rossignol n'était pas un oiseau très-courageux, et qu'il voyait le danger plus grand qu'il n'était.

A mesure que l'on avançait vers la montagne noire, le chemin devenait de plus en plus difficile ; mais Alberic marchait devant, frappant avec son fouet d'or et écartant tous les obstacles. Enfin, ils arrivèrent à un endroit où la route tournait tout à coup, et ils se trouvèrent en face d'une grande ca-

aris. — Typ. Gaittet, rue Git-le-Cœur, 2.

verne. Au même instant, Alberic fit un bond de côté, cria : *A moi, Taffner!* et, frappant la terre du talon, disparut par une trappe comme un fantôme qui serait rentré dans sa tombe.

Le comte de Flandre cherchait déjà l'entrée de la trappe, afin de le poursuivre jusque dans les entrailles de la terre, lorsqu'il entendit des pas lourds et retentissants qui s'approchaient de lui. Il se retourna alors vivement du côté d'où venait le bruit; mais il ne vit absolument rien, ce qui lui fit croire qu'il allait avoir affaire au géant Taffner, et que celui-ci le venait combattre ayant sur sa tête le casque qui rend invisible. En effet, à peine avait-il eu le temps de tirer son épée pour se mettre à tout hasard en défense, qu'il lui sembla que la montagne lui tombait sur la tête : c'était le géant Taffner qui venait de lui donner un coup de massue.

Si fort que fût Lyderic, comme il ne s'attendait point à être attaqué ainsi, il plia le front et tomba sur un genou; mais aussitôt, se relevant, il donna à tout hasard un grand coup de Balmung devant lui. Quoiqu'il eût l'air de frapper dans le vide, il sentit cependant une résistance, ce qui lui fit croire qu'il avait touché le géant, qui, pour être invisible, n'était point impalpable. En même temps, un rugissement de douleur poussé par Taffner, et suivi d'un second coup de massue, lui prouva qu'il ne s'était point trompé; mais cette fois il s'y attendait, de sorte que, si bien appliqué que fût le coup, Lyderic le reçut sans plier le jarret, et y riposta par un coup d'estoc à fendre un rocher. Il parut que le coup eut son effet, car Taffner poussa un second rugissement, et Lyderic attendit en vain, pendant quelques secondes, une troisième attaque.

Le comte de Flandre croyait déjà être débarrassé du géant, et que celui-ci avait fui, lorsqu'il vit venir à lui, avec la rapidité de la foudre, une pierre aussi grosse qu'une maison, laquelle sortait toute seule de la caverne, comme si elle eût été lancée par quelque catapulte invisible; cette pierre fut suivie d'une seconde, puis d'une troisième, et cela avec une telle rapidité, qu'en évitant l'une il ne pouvait éviter l'autre. Lyderic comprit alors que c'était le géant qui avait changé de tactique, et qui, satisfait des deux coups qu'il avait reçus, voulait l'attaquer de loin sans s'exposer à en recevoir un troisième. Il résolut donc d'user de ruse à son tour; et, voyant venir à lui une énorme pierre, au lieu de l'éviter il se jeta au-devant, et, tombant à la renverse comme s'il était renversé du coup, il demeura aussi immobile que s'il était mort.

Peters poussa de grands cris de douleur, le rossignol siffla tristement, et le géant accourut si vite, que Lyderic, à mesure qu'il s'approchait de lui, sentait la terre trembler sous ses pas : bientôt Lyderic sentit un genou qui se posait sur sa poitrine, tandis qu'avec un poignard on essayait de le percer au cœur. Alors, calculant, par la position du genou

et de la main, la position où devait être le géant, il le frappa avec Balmung d'un coup si ferme et si juste à la fois, qu'il lui détacha la tête de dessus les épaules.

La tête roula, et en roulant elle sortit du casque, de sorte qu'à l'instant même casque, tête et tronc devinrent visibles, la tête mordant la terre de rage, et le tronc décapité se relevant tout sanglant et battant l'air de ses bras, car il fallait le temps à la mort d'aller de la tête au cœur; mais, enfin, elle se fraya sa route glacée, et le corps tomba comme un arbre séculaire déraciné par la tempête.

Lyderic ramassa aussitôt le casque, et, après s'être assuré que Taffner était bien mort, il chercha par quel chemin avait pu lui échapper Alberic, car il lui en coûtait de quitter le pays des Niebelungen sans se venger de la trahison de leur roi. En ce moment un des chevaux ayant frappé du pied la terre, une trappe s'ouvrit, et Lyderic, ayant reconnu que c'était l'endroit même où avait disparu le roi, ne douta point que l'escalier qui s'offrait à lui ne conduisît à quelque chambre souterraine où sans doute Alberic se croyait bien en sûreté, et il résolut de l'y poursuivre.

Alors Peters, qui était encore tout tremblant du danger que venait de courir son maître, fit tout ce qu'il put pour l'en empêcher; mais il n'était pas facile de faire revenir Lyderic sur une résolution prise; de sorte que tout ce que le pauvre écuyer put obtenir de lui, c'est qu'il mettrait le casque qui rend invisible. Le comte de Flandre, enchanté d'essayer à l'instant même le pouvoir du casque magique, remercia son écuyer de lui avoir donné cette idée, l'autorisant à venir le rejoindre si dans une heure il n'était pas de retour. Aussitôt il mit le casque sur son front; et, étant devenu à l'instant même invisible aux yeux de Peters, il descendit par l'escalier souterrain.

Aux premiers pas qu'il fit, Lyderic vit bien qu'il ne s'était point trompé et qu'il devait être dans un des palais du roi Alberic : en effet, les murs étaient resplendissants de pierreries et le chemin tout sablé de poudre d'or. Après avoir traversé quelques appartements déserts, mais parfaitement éclairés par des lampes d'albâtre où brûlait une huile parfumée, il entra dans un jardin tout plein de fleurs qui lui sembla éclairé par le soleil lui-même; mais, en levant la tête, il s'aperçut que ce qu'il prenait pour le ciel était le fond d'un lac, mais si clair et si limpide, qu'on le voyait à travers : cependant il s'étonnait, si transparent que fût ce lac, que les rayons du soleil, en le traversant, eussent assez de force pour faire éclore les fleurs, lorsqu'en y regardant de plus près il s'aperçut que ces fleurs n'étaient point des fleurs véritables, mais bien des plantes artificielles si artistement travaillées, qu'il s'y était laissé prendre. Au reste, elles n'en étaient que plus précieu-

ses, car les tiges étaient de corail, les feuilles d'é-
meraudes; et, selon qu'on avait voulu imiter des
œillets, des tubéreuses ou des violettes, les fleurs
étaient en rubis, en topazes et en saphirs.

Au milieu de ce jardin étrange s'élevait un kiosque si élégant, que Lyderic jugea que, s'il devait
trouver le roi quelque part, c'était sans doute là. Il
s'avança donc doucement, et, protégé par son casque, il arriva sur le seuil sans avoir été vu. Le
comte de Flandre ne s'était pas trompé : le roi Alberic était couché dans un hamac entre deux de ses
femmes, dont l'une le balançait, tandis que l'autre
lui faisait de l'air avec une queue de paon; près de
lui, sur un sofa, était déposé le fouet d'or.

La conversation était des plus intéressantes : Alberic était en train de raconter à ses deux femmes
ses aventures de la journée. Il leur disait l'arrivée
de l'étranger dans le pays des Niebelungen; comment lui Alberic l'avait trompé en lui faisant ac-
croire qu'il allait lui donner le casque qui rend invisible, et comment, au lieu de tenir sa promesse, il
s'était enfoncé dans la terre en appelant à son aide
le géant Taffner, qui, à cette heure, l'avait sans
doute assommé.

Lyderic n'eut pas la patience d'écouter plus longtemps, et empoignant le roi par la barbe et le ti-
rant de son hamac :

« Misérable nain, lui dit-il, tu vas payer d'un coup
toutes les trahisons. »

Alors, lui ayant lié les mains derrière le dos, il
détacha le lustre qui pendait au milieu du kiosque,
et, ayant fait un nœud à la barbe du roi, il le sus-
pendit au crochet d'or.

« Et maintenant, lui dit-il, reste là jusqu'à ce que
la barbe se soit assez allongée pour que tes pieds
touchent la terre. »

Le petit nain se tordait comme un brochet pris à
l'hameçon, criant merci et jurant à cette fois qu'il
ferait hommage à Lyderic et le reconnaîtrait pour
son suzerain, si celui-ci voulait le détacher; mais
Lyderic le laissa crier et se tordre, mit les deux
femmes du roi, dont il comptait faire cadeau à la
princesse Chrimhilde, l'une dans sa poche droite et
l'autre dans sa poche gauche, prit le fouet d'or avec
lequel on ouvrait le trésor des Niebelungen, ôta son
casque un instant pour que le roi ne doutât point
que c'était à lui qu'il avait affaire, cueillit, en traversant le jardin, la plus belle rose qu'il pu trouver,
remonta l'escalier, et, ayant rencontré Peters qui
venait au-devant de lui, il se mit en route pour le
pays des Higlands, suivi de son écuyer, de ses deux
chevaux et précédé du rossignol, qui ne faisait que
chanter, tant il paraissait joyeux que les choses
eussent si bien tourné.

Le roi Alberic était couché dans un hamac entre deux de ses femmes. — PAGE 27.

# VII.

yderic marcha ainsi huit jours, précédé de son rossignol, suivi de Peters et causant avec les deux femmes du roi Alberic, qui aimaient bien mieux le ciel du Seigneur avec son soleil le jour et ses étoiles la nuit, et la terre du Seigneur avec ses plantes parfumées, que leur ciel de cristal, qui était toujours terne et froid, et leurs fleurs de diamants, dont la plus belle et la plus riche n'avait pas l'odeur de la plus pauvre violette se cachant sous l'herbe. Aussi, chaque jour et chaque soir, quand le soleil se levait à l'orient et se couchait à l'occident, elles remerciaient Lyderic de les avoir arrachées à leur prison, d'où la jalousie de leur maître ne leur avait jamais permis de sortir, et où elles passaient leur temps, l'une à dor-

Elle arriva la première au but et cueillit la rose. — Page 31.

mir dans son hamac, et l'autre à éventer avec une queue de paon cet horrible nain qui leur était odieux.

Au bout de huit jours, ils parvinrent au bord de la mer; ils la traversèrent en trois autres jours, et, vers le matin du quatrième, ils arrivèrent dans la capitale des Higlands, où il y avait de grandes fêtes en ce moment pour l'anniversaire de la naissance du roi.

Ces fêtes se composaient d'un tournoi entre les chevaliers, d'un tir à l'oiseau entre les archers, et d'une course entre les jeunes filles. Elles devaient être terminées par un combat entre des animaux féroces, que venait d'envoyer au roi des Higlands l'empereur de Constantinople, en échange de quatre faucons de Norwége, dont Gunther lui avait fait don.

Non-seulement Chrimhilde devait présider au tournoi et assister au tir de l'oiseau, mais elle devait encore prendre part à la course; car c'était un usage, dans la capitale du pays des Higlands, que toute jeune fille, sans en excepter les princesses, concourût, arrivée à l'âge de dix-huit ans, au prix de la rose : ce prix était appelé ainsi, parce qu'un simple rosier était le but et le prix de la course ; mais aussi une splendide promesse était faite à celle qui, arrivée la première, cueillait la rose unique que portait le rosier : elle devait épouser, dans l'année, le plus vaillant chevalier de la terre.

Lyderic avait donc trois occasions pour une de voir la princesse des Higlands, puisque les fêtes devaient commencer le lendemain, mais il n'eut point la patience d'attendre jusque-là, et, ayant mis le casque qui rend invisible, il s'achemina vers le palais. Il traversa d'abord trois magnifiques appartements : le premier plein de valets, le second plein de courtisans, et le troisième plein de ministres ; mais il ne s'arrêta ni dans le salon des valets, ni dans le salon des courtisans, ni dans le salon des ministres. Puis il passa dans la salle du trône, où le roi était assis sous un dais de pourpre brodé d'or, ayant la couronne en tête et le sceptre à la main ; mais il ne s'arrêta point encore dans la salle du trône. Enfin, il parvint dans un petit cabinet, tout de gazon et de fleurs, au milieu duquel était un bassin plein d'eau jaillissante et limpide ; et, sur ce gazon, au bord de cette eau, il vit une jeune fille couchée et effeuillant distraitement une marguerite sans lui rien demander, car elle n'aimait point encore, et ignorait qu'elle fût déjà aimée. Cette jeune fille était la princesse Chrimhilde.

Elle était plus belle que Lyderic n'avait pu se l'imaginer, même dans ses rêves les plus insensés ; aussi résolut-il plus que jamais de l'obtenir pour femme à quelque prix que ce fût, dût-il, comme Jacob, se faire dix ans berger.

En attendant, Lyderic serait resté à regarder Chrimhilde ainsi jusqu'au soir, si Gunther n'avait envoyé chercher la princesse. La jeune fille se leva avec la douce obéissance d'une colombe et se rendit aux ordres de son frère : Lyderic la suivit, toujours sans être vu : il s'agissait des préparatifs du tournoi du lendemain, où elle devait couronner le vainqueur.

Dès que Lyderic sut que la couronne devait être donnée par Chrimhilde, il résolut de la gagner ; et, comme il n'avait pas de temps à perdre de son côté s'il voulait être prêt le lendemain, il retourna à son auberge.

Comme il avait oublié d'ôter son casque, il entra sans être vu, et il trouva les deux femmes du roi Albéric, qui, voulant faire un cadeau à leur libérateur, avaient ramassé tout le long de la route des fils de la sainte Vierge, si bien que l'une les filait plus fin que les cheveux d'un enfant, tandis que l'autre en tissait une étoffe plus blanche que la neige et plus douce que la soie, plus fine que la toile d'araignées. Les pauvres petites travailleuses se dépêchaient de toute leur âme, car elles voulaient avoir fini pour le lendemain, cette étoffe étant destinée à faire la tunique avec laquelle le chevalier devait paraître au tournoi.

Lyderic devina leur intention, et se retira chez lui sans leur faire connaître qu'elles étaient découvertes : et les deux petites ouvrières travaillèrent si bien, que le lendemain au matin il trouva sa tunique prête. De plus, elle était si magnifiquement brodée de perles, de saphirs, d'escarboucles et de diamants, qu'il n'aurait jamais cru possible qu'avec des pierres on imitât si exactement des fleurs, s'il n'avait vu le parterre souterrain et artificiel du roi Alberic

Aussi, à peine Lyderic eut-il paru dans la lice, que tous les regards, même ceux de la belle Chrimhilde, se fixèrent sur lui, et que chacun fit des vœux pour que le beau jeune homme à la tunique blanche fût victorieux. Ces vœux furent exaucés ; Lyderic désarçonna tous ses adversaires, et le chevalier à la tunique blanche fut proclamé vainqueur du tournoi, couronné par Chrimhilde elle-même et invité au dîner de la cour et au bal qui en devait être la suite.

Le lendemain, Lyderic s'habilla en archer, et, du premier coup, abattit l'oiseau ; car on se rappelle que nous avons dit que, pendant ses exercices dans la forêt où il avait été élevé, il était devenu un des plus habiles tireurs d'arc qui fussent au monde. Alors il ramassa le perroquet tout percé de sa flèche ; et, lui ayant mis un gros diamant dans le bec et deux magnifiques à la place des yeux, il appela Peters, et lui ordonna de le porter au roi, comme un don qu'il désirait lui faire en remerciment de la manière courtoise dont il avait été reçu par lui.

Le lendemain devait avoir lieu la course à la rose : toutes les jeunes filles étaient réunies dans une lice, dont deux cordonnets de soie fermaient les limites, et au bout de cette lice, longue de cinq cents pas à peu près, était le rosier à la rose unique.

Chrimhilde était au milieu d'elles, la plus belle, la plus svelte et la plus élancée ; et son visage, tout resplendissant du désir de gagner le prix et de devenir la femme du plus brave cavalier de la terre, lui donnait un éclat qui la rendait plus belle encore que la première fois que Lyderic l'avait vue.

Lyderic résolut alors de lui faire gagner le prix : il rentra à son auberge, mit sur sa tête le casque qui rend invisible, emplit ses poches de pierreries, descendit dans la lice, et se plaça auprès d'elle.

Le roi donna le signal de la course, et toutes les jeunes filles partirent rapides comme des gazelles.

Cependant, si légère que fût Chrimhilde, cinq ou six de ses compagnes la suivaient de si près, qu'on pouvait hésiter à dire laquelle arriverait la première au rosier.

Mais alors Lyderic, qui courait derrière elle, prit de chaque main une poignée de pierreries, qu'il sema dans la lice.

Alors les jeunes filles, voyant briller à leurs pieds des perles, des rubis, des escarboucles et des diamants, ne purent résister au désir de les ramasser ; pendant ce temps, Chrimhilde gagna du chemin, et,

comme plus ses compagnes avançaient dans la lice, plus la lice était semée de pierres précieuses, Chrimhilde, pour qui l'espoir d'épouser le plus vaillant chevalier de la terre était plus précieux que tous les diamants du monde, arriva la première au but et cueillit la rose.

Le lendemain était consacré aux combats d'animaux féroces : ils étaient dans un grand cirque creusé en terre, et, tout autour, on avait bâti des estrades.

Sur l'une d'elles, isolée et magnifiquement enrichie, était le roi Gunther, et sa sœur Chrimhilde, qui, radieuse du triomphe qu'elle avait remporté la veille, tenait à la main la rose qui en avait été le prix.

Déjà plusieurs couples d'animaux avaient combattu l'un contre l'autre, lorsqu'on amena un lion de l'Atlas et un tigre de Lahore; c'étaient à la fois les deux plus magnifiques et les deux plus terribles animaux que l'on pût voir en face l'un de l'autre.

Ils étaient au moment le plus acharné de leur lutte, lorsque la princesse Chrimhilde poussa un cri : elle venait de laisser tomber entre eux la rose qu'elle tenait à la main.

Ce cri fut suivi d'un second que poussèrent d'une seule voix tous les spectateurs : Lyderic était sauté dans la lice pour aller chercher la rose !

Aussitôt, d'un mouvement unanime, le lion et le tigre cessèrent leur combat et se retournèrent vers Lyderic, rugissant et se battant les flancs avec leur queue.

Mais, lui, tira le fouet d'or de sa ceinture et leur en appliqua de si rudes coups, qu'ils s'enfuirent en hurlant comme des chiens.

Alors Lyderic s'avança librement vers la fleur et la ramassa ; mais, au lieu de rendre à la princesse Chrimhilde la rose qu'elle avait laissée tomber, il lui donna celle qu'il avait cueillie dans les jardins souterrains d'Alberic : Chrimhilde était si troublée, que, sans s'apercevoir de la substitution, elle prit la rose que lui tendait le jeune homme, et se tournant vers le roi :

— Ah! mon frère, dit-elle, entraînée sans doute par le désir qu'elle en avait, je crois bien que le seigneur Lyderic est le plus brave chevalier de la terre.

Le lendemain, Lyderic envoya au roi Gunther les quatre paniers pleins de perles, de rubis, d'escarboucles et de diamants, en lui faisant demander en échange la main de sa sœur.

Mais le roi Gunther répondit que la main de sa sœur ne serait qu'à celui qui l'aiderait à conquérir le château de Ségard, qui était tout entouré de flammes, et dans lequel la belle Brunehilde, reine d'Islande, était endormie depuis cinquante ans.

Lyderic répondit qu'il était prêt à conquérir le château de Ségard, à réveiller la reine d'Islande et à la ramener dans le pays des Higlands.

Mais Gunther ne voulut point permettre que Lyderic accomplît seul une entreprise qui ne le regardait point : de sorte qu'il fut convenu que les deux jeunes gens iraient ensemble à la conquête du château de Ségard, et que, s'ils réussissaient dans cette entreprise, à son retour dans la capitale des Higlands, Lyderic épouserait Chrimhilde.

Mais, lui, tira le fouet d'or de sa ceinture, et leur en appliqua de si rudes coups, qu'ils s'enfuirent. — PAGE 31.

## VIII

Au bout de huit jours, le vaisseau qui devait transporter Gunther et Lyderic en Islande étant prêt, ils partirent accompagnés de cent des meilleurs chevaliers du pays des Higlands. En partant, Lyderic donna à Chrimhilde les deux femmes du roi Alberic, dont elle fit à l'instant même ses dames d'honneur, afin de pouvoir causer tout à son aise avec elles de celui qui, pour la posséder, allait tenter une entreprise si périlleuse.

Vers le soir du troisième jour de la navigation, on aperçut une grande lueur à l'horizon, et les deux jeunes gens ayant interrogé le pilote, celui-ci répondit que ce devait être l'embrasement du château de Ségard.

On distinguait les hautes murailles crénelées qui brûlaient sans se consumer.

En effet, à mesure que la nuit s'avança, l'incendie devint plus visible; on distinguait les hautes murailles crénelées qui brûlaient sans se consumer, car elles étaient en pierres d'amiante; puis, dans ces murailles, des portes au nombre de dix, dont chacune était gardée par un dragon.

Au point du jour, le vaisseau, toujours guidé par l'embrasement comme par un immense phare, aborda dans un beau port que dominait le château. Gunther voulait aussitôt s'élancer à terre et essayer de passer à travers les flammes; mais Lyderic le retint, lui disant qu'il avait, lui, tous les moyens de mener l'entreprise à bien; qu'il le laissât donc faire, et qu'il lui en rendrait bon compte.

Le roi resta donc sur le vaisseau avec ses cent cavaliers, et Lyderic, ayant mis Balmung à son côté, passé son fouet d'or à sa ceinture et posé sur sa tête le casque qui rend invisible, sauta sur le rivage, et, sans se donner la peine de choisir une porte plutôt qu'une autre, s'avança vers celle qui était la plus proche de la mer.

Elle était gardée par une hydre monstrueuse qui avait six têtes, dont trois veillaient sans cesse, tandis que les trois autres dormaient.

Lyderic s'avança résolûment vers elle; et, quoi-qu'il fût invisible, l'hydre entendit le bruit de ses pas; aussitôt les trois têtes qui veillaient réveillè-rent les trois têtes endormies, et toutes les six se dressèrent en jetant des flammes du côté d'où ve-nait le bruit.

Ces flammes étaient si vives et si ardentes, que leur chaleur, jointe à celle des murailles, ne per-mettait pas à Lyderic d'approcher de l'hydre à la longueur de Balmung; forcé lui fut donc de remet-tre son épée au fourreau et de se contenter de son fouet d'or; mais il s'en escrima si heureusement, qu'au bout de quelques secondes l'hydre tourna le dos et se mit à fuir.

Lyderic la poursuivit et entra avec elle dans la ville; là, l'ayant forcée d'entrer dans un cul-de-sac, il la fouetta si bien, qu'elle cessa de jeter des flammes pour jeter du sang.

Lyderic profita de ce changement, repassa son fouet à sa ceinture, tira Balmung, coupa l'une après l'autre les six têtes du monstre, et continua son chemin.

Il n'y avait point à se perdre, toutes les rues étaient tirées au cordeau et toutes correspondaient au palais de la princesse, qui était situé au centre de la ville.

Lyderic s'avança vers ce palais au milieu d'un si-lence étrange; tout le long de la route, il trouvait des commissionnaires endormis sur leurs crochets; des facteurs le bras étendu vers la sonnette de la maison où ils portaient des lettres; des cochers as-sis sur le siège de leur voiture, le fouet à la main, des chasseurs derrière; des marchands et des mar-chandes assis sur le pas de la porte; une proces-sion qui allait à l'église, et tout cela dormait pro-fondément et silencieusement, à l'exception du joueur de serpent, qui soufflait de telle façon, que l'on aurait pu croire qu'il continuait à jouer de son instrument.

Le comte de Flandre continua son chemin et en-tra dans le palais.

Le même silence qu'au dehors y régnait.

Le gardien du donjon dormait en tenant sa trompe à la main; les chiens étaient couchés près de la porte; les oiseaux se tenaient perchés sur les arbres; les mouches étaient immobiles sur les murs.

À mesure que Lyderic pénétrait dans les appar-tements, il lui était facile de voir que le sommeil avait surpris les habitants du château au milieu d'une fête: les antichambres étaient pleines de laquais qui étaient debout, portant des plateaux servis et rap-portant des plateaux vides.

Enfin il entra dans la salle de bal, et il trouva tous les conviés achevant une contredanse, les uns ayant les bras et les autres la jambe en l'air: rien d'ailleurs n'était changé à la figure; les musiciens avaient l'archet sur les cordes de leurs violons et la bouche au bec de leurs clarinettes.

Sur une espèce de trône était couché un beau chevalier portant une armure étincelante de pierre-ries et le front couvert d'un casque d'or.

Comme il semblait le roi de la fête, Lyderic alla doit à lui et détacha son casque; mais alors de ma-gnifiques cheveux blonds se répandirent sur ses épaules, et un délicieux visage de femme lui appa-rut, encadré par eux comme dans une auréole d'or.

Lyderic approcha sa joue de la sienne pour sen-tir si elle respirait encore; un souffle doux et par-fumé lui prouva que la vie n'avait point cessé d'ani-mer ce beau corps.

Alors Lyderic, ayant la bouche si près de cette bouche de corail, ne put résister au désir d'y dépo-ser un baiser, mais si doucement, qu'à peine ses lè-vres eurent touché les lèvres de la belle guerrière, celle-ci tressaillit et ouvrit les yeux.

En même temps qu'elle, tout se réveilla: les mu-siciens reprirent leur ritournelle, les danseurs achevèrent leur gigue, et les laquais entrèrent avec leurs rafraîchissements.

— Sois le bienvenu, jeune homme, dit Brune-hilde à Lyderic, car les prophètes ont dit que je ne serais réveillée que par celui à qui appartiendraient un jour cette ceinture et cet anneau.

— Hélas! belle princesse, répondit en souriant Lyderic, tant de bonheur ne m'est point réservé. Je ne suis qu'un ambassadeur, et je viens vous deman-der votre main pour Gunther, roi des Higlands, dont je viens vous épouser la sœur.

— Ah! ah! dit Brunehilde en donnant à l'instant même à son visage l'expression du plus profond dédain; vous entendez, messieurs et mesdames, celui qui nous envoie demander notre main n'a pas jugé que nous fussions digne des périls auxquels il fallait s'exposer pour parvenir jusqu'à nous, et il nous a envoyé un ambassadeur plus brave que lui.

— Je vous demande pardon, adorable princesse, reprit Lyderic. Je ne suis pas plus brave que Gun-ther; mais la condition que j'avais mise en l'accom-pagnant était qu'il me laisserait tenter l'aventure. Arrivé dans le port, je l'ai sommé de tenir sa pa-role, et il a bien fallu qu'il la tînt, car vous savez que c'est le premier devoir de tout brave chevalier que d'être fidèle à ses engagements.

— C'est bien, c'est bien, dit Brunehilde presque sans écouter Lyderic. Et celui qui vous envoie sait quelles épreuves doit subir celui qui veut être mon époux?

— Oui, noble princesse, répondit Lyderic, et, comme ces épreuves sont les plus dangereuses, celles-là Gunther se les est réservées.

— Retournez donc vers lui, dit alors Brunehilde, et dites-lui qu'il se tienne prêt à accomplir les épreuves que je lui imposerai demain matin; mais sachez en même temps que, s'il succombe, vous et lui périrez tous les deux.

Lyderic voulut ajouter quelques mots de galanterie pour prendre congé; mais Brunehilde ne lui en donna pas le temps, et, lui tournant dédaigneusement le dos, elle passa dans la chambre voisine.

Lyderic retourna vers Gunther.

Il trouva le roi qui l'attendait avec impatience, et lui raconta comment tout s'était passé, et comment il devait subir le lendemain les épreuves dont il fallait sortir vainqueur pour devenir le mari de Brunehilde et roi d'Islande

Puis il ajouta la menace qu'avait faite Brunehilde de les envoyer à la mort tous les deux si Gunther n'était pas vainqueur.

Gunther demanda alors à Lyderic s'il ne voulait pas lui laisser achever les épreuves seul et s'en retourner dans l'île des Higlands, lui promettant que, de quelque manière que tournassent les choses, sa sœur Chrimhilde n'en serait pas moins sa femme; mais Lyderic, pensant que Gunther aurait besoin de lui pendant les épreuves, refusa, en lui disant que telles n'étaient point leurs conventions, et qu'il désirait jusqu'au bout partager sa fortune.

Gunther, qui, de son côté, était bien aise d'avoir Lyderic près de lui, n'insista pas davantage, et les deux amis attendirent avec impatience le lendemain.

Le moment du départ du vaisseau était fixé à six heures du matin, et Gunther était prêt à l'heure dite, lorsqu'en regardant autour de lui il chercha vainement Lyderic.

Il commençait déjà à être fort inquiet de son absence et à craindre quelque trahison lorsqu'il entendit à son oreille une voix qui lui disait :

— Ne crains rien, Gunther, je suis près de toi et ne te quitterai pas, et peut-être te serai-je plus utile ainsi que si j'étais visible à tous les yeux.

A ces mots, il reconnut la voix de Lyderic, et il fut tranquillisé.

Alors il se mit en route avec ses cent chevaliers et s'avança vers la ville.

Mais bientôt il vit sortir Brunehilde, à la tête de cinq cents soldats, qui enveloppèrent Gunther et ses cent chevaliers, de manière à ce que, si le roi échouait dans les épreuves, ni lui ni aucun des hommes de sa suite ne pussent échapper.

Gunther commença à s'inquiéter, et demanda à voix basse :

— Lyderic, es-tu là?

— Oui, répondit Lyderic.

Et Gunther se tranquillisa.

Arrivé devant la belle guerrière, le roi mit pied à terre, et se présenta à elle comme celui qui sollicitait l'honneur de devenir son époux.

Alors Brunehilde sourit dédaigneusement en regardant Gunther, et lui dit :

— Il est une loi du ciel et de la terre pour que tout mariage soit heureux, c'est que la femme doit obéissance à son mari : or, pour que la femme obéisse, il faut qu'elle rencontre un homme supérieur à elle; or, j'ai juré de n'épouser, moi, que celui qui sera plus adroit, plus fort et plus léger que moi, car à celui-là seulement je consentirai à obéir. Roi Gunther, es-tu prêt à tenter les trois épreuves qu'il me conviendra de t'imposer?

— Je suis prêt, dit Gunther.

— Alors, si cela est votre bon plaisir, monseigneur, comme vous êtes tout armé et moi aussi, nous commencerons par la joute... Apportez les lances.

Aussitôt huit écuyers apportèrent deux lances, si lourdes qu'il fallait être quatre hommes pour porter chacune d'elles.

Gunther les regarda avec inquiétude, car elles étaient aussi grosses que le mât de son vaisseau, et il ne croyait même pas qu'il pût les soulever.

Lyderic vit son inquiétude et lui dit :

— Ne crains rien, et fais-moi place sur le devant de la selle : c'est toi qui feras le geste, et c'est moi qui porterai et qui recevrai le coup.

Ces paroles rassurèrent Gunther, de sorte qu'il accepta sans hésiter, ce qui parut fort étonner Brunehilde, qui prit une des deux lances, qu'elle souleva avec une facilité extraordinaire, et, mettant son cheval au galop, elle alla se placer à l'endroit d'où elle devait courir.

Quant à Gunther, il souleva la sienne avec la même aisance que si c'était un fétu de paille, ce qui excita un long murmure d'admiration parmi les assistants, et il alla se placer à cent pas, en face de Brunehilde.

Les juges donnèrent le signal; les chevaux partirent au galop, les deux adversaires se rencontrèrent au milieu du chemin, et, au grand étonnement de tout le monde, la lance de Gunther se brisa en morceaux sur le bouclier d'or de Brunehilde, mais en la frappant d'un tel choc, que la belle guerrière fut renversée jusqu'à la croupe de son cheval; de sorte que son casque tomba et laissa voir son visage tout enflammé de colère et de honte; quant à Gunther, comme le choc avait atteint Lyderic, il était resté ferme et inébranlable sur ses arçons.

— Je suis vaincue, dit la reine en jetant sa lance; passons à la seconde épreuve.

Et elle descendit de cheval.

— Tu ne t'en vas pas? dit Gunther à Lyderic.

— Non, sois tranquille, répondit Lyderic.

— Bien, dit Gunther.

Et alors il reçut d'un visage modeste et souriant les compliments de ses cent cavaliers, qui lui dirent que jamais ils ne lui avaient vu déployer une pareille force; et pour la première fois le roi Gunther reconnut en lui-même que ses courtisans lui disaient la vérité.

Alors un délicieux visage de femme leur apparut. — PAGE 54.

Pendant ce temps, douze hommes apportaient une énorme pierre dont l'aspect seul fit frissonner Gunther.

— Vois-tu ce qu'ils font? demanda tout bas Gunther à Lyderic.

— Oui, dit Lyderic; mais ne t'inquiète pas.

— Roi Gunther, dit Brunehilde, tu vois bien cette pierre? je vais la jeter jusqu'à cette petite montagne qui est à cinquante pas de nous à peu près; si tu la jettes plus loin, je me reconnaîtrai vaincue, comme lorsque tu as brisé ma lance.

— Cinquante pas! murmura tout bas Gunther. Peste!

— Ne crains rien, dit Lyderic, je mettrai ma main dans la tienne : tu feras le mouvement, et c'est moi qui la lancerai.

Alors Brunehilde prit la pierre d'une seule main, la fit tourner deux ou trois fois au-dessus de sa tête comme un berger fait d'une fronde, et la lança avec tant de force, qu'au lieu de s'arrêter au bas de la montagne, comme elle l'avait dit, la pierre monta en roulant jusqu'à la moitié, puis, entraînée par

Lyderic ôta son casque, et, étant redevenu visible, il salua Gunther et Brunehilde. — PAGE 38.

son poids, retomba jusqu'au but qui lui avait été marqué.

Les chevaliers de Gunther tremblèrent; ceux de Brunehilde applaudirent.

Les douze hommes allèrent chercher la pierre, qu'ils rapportèrent à grand'peine à l'endroit d'où l'avait lancée Brunehilde.

Alors Gunther la prit, et, sans effort apparent, sans avoir besoin de la faire tourner autour de sa tête, comme un joueur de boule lance sa boule, il lança la pierre, qui alla tomber du premier coup plus loin qu'elle n'avait été même en roulant, et qui, continuant de rouler à son tour, franchit la montagne jusqu'à son sommet, et, comme l'autre versant descendait vers la mer, elle eut encore assez d'impulsion pour franchir la cime, et, suivant la pente opposée, s'en alla en bondissant s'engloutir dans la mer.

Cette fois-ci, ce ne furent plus des applaudissements, mais des cris d'admiration qui accueillirent cette preuve de la force de Gunther.

Chacun voulant voir où s'était arrêtée la pierre,

courut à la montagne, et vit au milieu de la mer, toute bouillonnante encore, s'élever la pointe d'un écueil nouveau et inconnu.

Brunehilde était pâle de colère; elle rappela tout son peuple.

— Or çà, dit-elle, venez ici, car tout n'est point fini encore, et il nous reste une dernière épreuve. Roi Gunther, ajouta-t-elle en se retournant, tu vois ce précipice?

— Oui, dit Gunther.

— Comme tu le vois, il a vingt-cinq pieds de large; quant à sa profondeur, elle est inconnue, et une pierre comme celle que nous venons de lancer mettrait plusieurs minutes à en trouver le fond. Un jour que je poursuivais un élan à la chasse, l'élan le franchit et crut être en sûreté, mais je le franchis derrière lui, je le joignis et je le tuai. Es-tu prêt à me poursuivre comme je poursuivais l'élan et à le franchir derrière moi?

— Hum! fit Gunther.

— Accepte, dit Lyderic.

— Je suis prêt, répondit Gunther; mais n'ôtons-nous pas notre armure?

— Permis à toi d'ôter ton armure, roi Gunther, dit dédaigneusement Brunehilde; mais, moi, je garderai la mienne.

— Garde ton armure, dit tout bas Lyderic.

— Je ferai comme vous ferez, répondit Gunther.

Alors la belle guerrière s'élança, légère comme une biche, et, sans crainte, sans hésitation, elle franchit le précipice; mais cela si justement, que le bout de son pied à peine toucha de l'autre côté, et que tous les assistants jetèrent un cri, croyant qu'elle allait retomber en arrière dans le précipice.

— A ton tour, roi Gunther, dit alors en se retournant Brunehilde.

— Comment allons-nous faire? dit Gunther à Lyderic.

— Je te prendrai par le poignet, répondit Lyderic, et je t'enlèverai avec moi.

— Ne va pas me lâcher, dit Gunther.

— Sois tranquille, répondit Lyderic.

Pour toute réponse, Gunther se mit à courir avec une telle rapidité, qu'à peine pouvait-on le suivre des yeux; puis, arrivé au bord, il s'enleva comme s'il eût eu les ailes d'un aigle, et retomba de l'autre côté à plus de dix pieds plus loin que n'avait fait Brunehilde.

— Roi Gunther, dit Brunehilde, tu m'as vaincue dans les trois épreuves que je t'avais imposées; je n'ai donc plus rien à dire. Tu m'as conquise, je suis ta femme.

— Et toi, dit tout bas Gunther à Lyderic, tu es le mari de ma sœur.

Et, tandis que Gunther baisait la main de Brunehilde, Lyderic serrait la main de Gunther.

Gunther et Brunehilde s'avancèrent alors vers les assistants en se tenant par la main, et Brunehilde leur présenta Gunther comme son époux.

Cette nouvelle excita, tant parmi les chevaliers de l'Islande que parmi ceux de l'Écosse, de grands transports de joie, car, selon eux, avec un tel roi et avec une telle reine, ils n'avaient rien à craindre d'aucun peuple étranger.

Lyderic ôta son casque, et, étant redevenu visible, il salua Gunther et Brunehilde comme s'il arrivait seulement à cette heure du vaisseau. Mais à peine Brunehilde daigna-t-elle le regarder; quant à Gunther, quelque envie qu'il eût de l'embrasser, il se contenta de lui serrer la main.

Il fut convenu que les deux noces se feraient ensemble dans la capitale des Higlands, seulement on resta quinze jours encore à Ségard, pour que Brunehilde réglât avant son départ toutes les affaires de son royaume.

Puis, ces quinze jours écoulés, on partit, et un vent favorable conduisit le vaisseau dans la capitale des Higlands.

La princesse Chrimhilde fut bien heureuse de revoir Lyderic, et d'apprendre de la bouche même de son frère qu'il lui avait rendu de tels services qu'il lui avait accordé sa main; elle reçut aussi la reine Brunehilde comme une sœur à laquelle elle était disposée d'avance à accorder toute son amitié: quant à celle-ci, son accueil fut, selon son habitude, froid et fier, car elle méprisait beaucoup les jeunes filles qui, comme Chrimhilde, ne s'étaient jamais occupées que de toilette et de broderies.

Quant aux deux petites dames d'honneur, elles furent fort contentes aussi de revoir leur libérateur, car elles se trouvaient bien heureuses près de la princesse Chrimhilde, qui avait pour elles toutes sortes de bontés, et à qui, en échange, elles montraient à faire des broderies miraculeuses de finesse et d'éclat.

Les deux noces se firent en grande pompe, et il y eut, pendant les trois jours qui les précédèrent, force joutes et tournois. Mais, le jour même du mariage, Lyderic reçut des lettres de sa mère qui le rappelaient dans ses États: la bonne vieille princesse se mourait d'envie de revoir son fils, et le suppliait de revenir auprès d'elle avec sa belle-fille qu'elle avait grande envie de voir, lui disant que, s'il tardait seulement de huit jours à se mettre en route, il la trouverait morte d'ennui et de chagrin. Il dit donc à la princesse sa femme qu'il devait partir le plus tôt possible, et, comme celle-ci n'avait d'autre volonté que celle de son mari, elle lui offrit de se mettre en route dès le lendemain: seulement Chrimhilde demanda à Lyderic la permission de faire cadeau à sa belle-sœur de la moitié de ses perles, de ses rubis, de ses escarboucles et de ses diamants, ce à quoi Lyderic consentit bien volontiers; mais Brunehilde renvoya fièrement les pierreries à sa belle-sœur, en lui faisant dire que ses bijoux, à elle, étaient sa lance, sa cuirasse, son bouclier, son casque et son épée.

Ce renvoi fut un nouveau motif à Lydéric de partir promptement, car il vit bien que, s'il était resté plus longtemps à la cour du roi son frère, la mésintelligence n'aurait point tardé à se mettre entre les deux femmes.

Lyderic et Chrimhilde partirent donc pour le château de Buck, qu'habitait toujours la vieille princesse, et ils y arrivèrent au bout de trois jours de route.

Ermengarde fut bien joyeuse de revoir son fils, et elle fit à Chrimhilde un véritable accueil de mère.

Au reste, tout allait parfaitement dans les États du comte de Flandre, ses peuples, étant plus heureux qu'ils n'avaient jamais été, ne demandaient rien autre chose au ciel que la conservation d'un si bon prince.

Au bout de neuf mois juste, la princesse Chrimhilde accoucha d'un beau garçon, qui reçut au baptême le nom d'Andracus.

## IX

En même temps que Gunther félicitait sa sœur de son accouchement, il invita Lydéric à venir le voir avec Chrimhilde aussitôt qu'elle pourrait supporter le voyage, lui disant qu'il avait des choses de la plus haute importance à lui communiquer.

Lyderic communiqua la lettre à sa femme : elle avait de son côté grand désir de revoir son frère, de sorte que, comme, grâce à son bon naturel, elle avait oublié l'orgueilleux accueil de la reine Brunehilde, elle fut la première à l'inviter à revenir passer quelque temps à la cour du roi Gunther. Quant à la vieille princesse, elle eut bien quelque peine d'abord à donner son consentement à cette nouvelle absence, mais on lui promit de lui laisser son petit-fils, ce qui la détermina à ne plus s'opposer au départ de Lyderic et de Chrimhilde, qu'elle aimait maintenant à l'égal d'une fille.

Le comte de Flandre, au reste, s'était d'autant plus facilement déterminé à laisser son fils à la vieille princesse, que Gunther ne lui ayant pas même dit dans sa lettre que Brunehilde fût enceinte, il craignait de lui inspirer des regrets plus vifs encore en lui rappelant sans cesse par la vue de son enfant qu'il avait été plus heureux que lui.

Lyderic et Chrimhilde partirent donc seuls pour la capitale des Higlands.

Ils furent reçus par Gunther avec les démonstrations de la joie la plus vive; la fière Brunehilde elle-même parut contente de les recevoir, et, en apercevant Lyderic, son visage se couvrit d'une vive rougeur, car elle ne pouvait oublier ce baiser qui l'avait réveillée et dont elle n'avait jamais parlé à son mari.

De son côté, Lydéric avait jugé inutile de raconter à Gunther cette circonstance de son ambassade; de sorte que Gunther attribuait la rougeur de Brunehilde à la joie qu'elle avait de revoir ses anciens amis.

Aussitôt que Lyderic et Gunther se trouvèrent seuls, ce qui ne tarda point, car tous deux en cherchaient l'occasion, Lyderic demanda à Gunther quelles étaient les choses importantes dont il avait à l'entretenir.

Alors Gunther raconta à Lyderic une histoire étrange.

La nuit de ses noces, Brunehilde avait détaché ses jarretières; avec l'une elle avait lié les mains de son mari, avec l'autre les pieds, et l'avait accroché à un faisceau d'armes qui était scellé dans la muraille, puis elle s'était couchée tranquillement.

Gunther alors avait voulu crier et appeler au secours; aussitôt Brunehilde s'était relevée et l'avait si cruellement battu, que le pauvre diable avait fini par promettre qu'il se tiendrait tranquille et muet toute la nuit.

Sur cette promesse, Brunehilde s'était recouchée et avait dormi tout d'une traite jusqu'au jour.

Au jour, elle s'était réveillée, et, touchée des supplications de Gunther, elle l'avait décroché.

Depuis lors, chaque nuit, la princesse en avait usé avec lui comme la première fois, seulement elle le battait plus cruellement encore.

Elle l'avait accroché à un faisceau d'armes qui était scellé dans la muraille. — PAGE 39.

Il ne restait d'autre ressource à Gunther que de se sauver le soir dans une pièce voisine de la chambre nuptiale, et de s'y barricader à double tour.

Telles étaient les choses importantes que Guntner avait à confier à son ami Lyderic.

Ce ne fut pas sans raison que Gunther avait compté sur son ami.

Lyderic réfléchit un instant à ce qu'il venait d'entendre; puis, posant la main sur l'épaule de Gunther :

— Sois tranquille, lui dit-il, et ce soir, quand les pages et les serviteurs se seront retirés, au lieu de sortir par la porte, ferme-la en dedans, et souffle la lampe, le reste me regarde. Je t'ai déjà soutenu dans les trois premières épreuves, je ne t'abandonnerai pas dans la dernière.

— Tu seras donc là? demanda Gunther.

— Je serai là, répondit Lyderic.

— Mais comment saurai-je que tu y es?

— Je te parlerai à l'oreille, comme j'ai fait au château de Ségard.

Gunther se jeta dans les bras de son ami, lui ju-

— Depuis quand la vassale prend-elle le pas sur la reine? — PAGE 42.

rant qu'il n'oublierait jamais ce dernier service, le plus grand de tous ceux qu'il lui avait rendus.

La journée se passa en fêtes; le roi et la reine des Higlands avaient l'air d'être au mieux ensemble; aussi tout le monde déplorait-il la stérilité de leur union, seul nuage qui pût obscurcir le ciel d'un aussi bon ménage, Brunehilde consentant à paraître la servante le jour, pourvu qu'elle fût la maîtresse pendant la nuit.

Le soir arriva sans que Brunehilde se doutât en rien du complot qui était tramé contre elle.

Quand l'heure de se retirer fut venue, **Lyderic** conduisit Chrimhilde à sa chambre, et, lui disant qu'il avait à causer d'affaires d'État avec Gunther, il la laissa seule, contre son habitude.

Cet abandon momentané fit grande peine à Chrimhilde; mais son âme, à elle, était faite de dévouement, comme celle de Brunehilde était faite d'orgueil, et, lorsque Lyderic lui eut dit que cette absence avait pour but de rendre un grand service à son frère, elle ne retint plus son mari.

En conséquence, Lyderic passa dans la chambre

6

voisine, mit sur sa tête le casque qui rend invisible, et s'achemina vers la chambre du roi.

La porte en était ouverte.

Comme d'habitude, des pages et des serviteurs, portant chacun une torche à la main, venaient de conduire leurs souverains dans cette chambre témoin depuis un an de si étranges choses.

Lyderic se glissa parmi eux, et, voyant que le roi regardait avec inquiétude, il s'approcha de lui en disant :

— Me voilà.

Dès lors le visage de Gunther reprit toute sa sérénité, et son regard cessa de s'arrêter malgré lui sur le malencontreux faisceau d'armes, auquel il devait les plus mauvaises nuits qu'il eût passées de sa vie.

A l'heure habituelle, les serviteurs et les pages se retirèrent, emportant les flambeaux et ne laissant qu'une seule lampe allumée.

Alors Brunehilde, qui jusque-là avait gardé l'apparence d'une femme soumise, se leva fièrement, et, avec la démarche d'une reine, s'avança vers son mari.

Mais celui-ci, ayant demandé tout bas à Lyderic s'il était là, et en ayant reçu une réponse affirmative, s'élança vers la porte, et, l'ayant fermée à la clef, mit la clef dans sa poche, au lieu de s'enfuir comme il en avait l'habitude.

Brunehilde frappa Gunther si rudement, qu'il alla tomber sur la table où était la lampe, la renversa, et qu'il l'éteignit ; de sorte que la chambre se trouva dans l'obscurité.

— Tu vois ? dit tout bas Gunther à Lyderic.

— Oui, répondit Lyderic ; et maintenant, mets-toi dans un coin et laisse-moi faire.

Alors Lyderic s'avança à la place de Gunther, et, comme Brunehilde crut que c'était toujours son mari, et que, par expérience, elle avait appris à connaître sa supériorité sur lui, elle voulut lui saisir les mains pour les lui lier comme elle avait déjà fait.

Mais cette fois les choses ne se passèrent pas ainsi que de coutume, et, au contraire, ce fut Lyderic qui prit Brunehilde par les poignets et qui les lui lia avec le ceinturon ; puis il attacha Brunehilde au faisceau d'armes et disparut.

En sortant, ses pieds rencontrèrent un léger obstacle près de la porte.

Il se baissa pour voir ce que c'était et ramassa quelque chose de soyeux.

Quand il fut arrivé à la lumière, il reconnut la ceinture que Brunehilde portait ordinairement, et dans laquelle, suivant son habitude, se trouvait passé un large anneau d'or à ses armoiries.

En rentrant chez lui, Lyderic trouva Chrimhilde fort inquiète.

Alors, comme il n'avait point de secret pour elle, il lui raconta ce qui venait de se passer, et lui montra l'anneau et la ceinture qu'il avait trouvés.

Chrimhilde les voulut avoir.

Lyderic s'y refusa un instant ; puis, comme il vit que son refus ne faisait qu'augmenter les désirs de sa femme, il lui donna l'anneau et la ceinture en la priant de ne jamais dire d'où ils lui venaient.

Chrimhilde le lui promit, et dans ce moment sans doute elle avait l'intention de tenir sa promesse.

Le lendemain, du plus loin que Gunther aperçut Lyderic, il alla à lui et lui serra la main d'un air triomphant ; quant à Brunehilde, elle parut au contraire honteuse et attristée, et comme ne pouvant se pardonner la victoire que son mari avait remportée sur elle.

Avec la faiblesse de la femme, ses petites passions étaient aussi venues à Brunehilde, et cette haine instinctive qu'elle avait ressentie pour Chrimhilde s'augmenta bientôt au point que les deux femmes ne pouvaient se rencontrer sans échanger l'une avec l'autre des paroles piquantes.

Sur ces entrefaites, des troubles éclatèrent dans le nord du pays des Iliglands, et Gunther fut obligé de quitter sa capitale pour aller les apaiser.

Il prit donc congé de Lyderic et de Chrimhilde, laissant à Brunehilde le soin de remplir envers eux les devoirs de l'hospitalité.

Mais Brunehilde ne se vit pas plutôt seule, qu'elle traita Lyderic et Chrimhilde avec une hauteur à laquelle ni l'un ni l'autre n'étaient habitués.

Ce n'était rien pour Lyderic, qui croyait savoir la cause de ce mépris apparent ; mais il n'en était point ainsi de Chrimhilde, qui ressentait doublement, pour elle et pour son mari, les insultes qu'on lui faisait.

Enfin, les insultes lui devinrent insupportables, et elle résolut de s'en venger.

Alors, comme vint le saint jour du dimanche, sans rien dire à son mari de ce qu'elle allait faire, elle passa à son doigt l'anneau et serra autour de sa taille la ceinture que Lyderic avait trouvés chez Brunehilde pendant la nuit où il avait lutté avec elle, et, étant partie pour l'église en même temps que Brunehilde, au moment d'y entrer, elle prit le pas sur elle. Alors Brunehilde l'arrêta.

— Depuis quand, lui dit-elle, la vassale prend-elle le pas sur la reine ?

— Depuis, répondit Chrimhilde, que je porte cette ceinture et cet anneau.

A ce geste, Brunehilde jeta un cri et tomba évanouie entre les bras de ses femmes ; quant à Chrimhilde, elle entra avec assurance dans l'église et s'agenouilla à la place d'honneur.

Mais elle n'y fut pas plutôt, qu'elle se rappela qu'elle avait manqué à la promesse qu'elle avait faite à son mari, et qu'elle calcula avec effroi quelles pouvaient être les suites terribles de sa désobéissance : aussi, à peine le saint sacrifice de la messe fut-il terminé, qu'elle rentra au palais, et qu'ayant été trouver Lyderic elle le supplia de partir à l'instant même, ne pouvant pas, lui dit-elle, endurer plus longtemps les humiliations que lui faisait subir sa belle-sœur.

Lyderic, qui n'était point fâché de mettre un terme à toutes ces dissensions, fixa son départ au lendemain, et se présenta chez Brunehilde pour prendre congé d'elle.

Mais Brunehilde refusa de le recevoir, et Lyderic, prenant ce refus pour une nouvelle insulte, au lieu d'attendre le lendemain, partit le soir, sans même écrire à Gunther pour lui apprendre la cause de son départ.

Quelques jours s'étaient écoulés à peine depuis que Lyderic et Chrimhilde avaient quitté la capitale des Higlands, lorsque Gunther y rentra, après avoir heureusement apaisé les troubles qui l'avaient appelé dans le nord de ses États.

Son premier soin fut de se rendre auprès de la reine; mais, au lieu de la voir toute joyeuse ainsi qu'il s'y attendait, il la retrouva en larmes, et, comme il s'avançait vers elle pour la serrer dans ses bras, elle tomba à ses genoux, en lui demandant vengeance contre Lyderic.

— Qu'a-t-il donc fait? demanda Gunther étonné.

— Sire, répondit Brunehilde, il m'a insultée gravement, et vous a insulté plus gravement encore; car, s'étant procuré, je ne sais comment, la ceinture et l'anneau que vous m'avez dérobés pendant la nuit, il les a donnés à Chrimhilde, en lui disant que c'était lui qui me les avait pris : et vous savez bien le contraire, monseigneur, puisque vous avez été un an sans me les pouvoir enlever.

Gunther devint très-pâle, car il crut qu'il avait été trahi par Lyderic; et relevant sa femme :

— C'est bien, lui répondit-il, mais n'avez vous parlé de cela à personne?

— A personne qu'à vous, monseigneur, dit Brunehilde.

— Eh bien! continuez d'être aussi discrète, répondit Gunther, et, sur mon âme, vous serez vengée.

Et Brunehilde, la fière reine, se releva à demi consolée, à la seule idée de vengeance que lui promettait Gunther.

Cependant, comme Gunther était brave, sa première idée fut de se venger bravement en accusant Lyderic de mensonge et en l'appelant en combat particulier; mais aussi, comme il connaissait, pour les avoir éprouvés à son profit, la force et le courage de Lyderic, il résolut de prendre, avant d'en venir à ce combat, toutes les précautions que pouvait lui offrir la prudence réunie à la loyauté.

La plus urgente de ces précautions était de se procurer une armure à l'épreuve de la lance et de l'épée; mais, ne s'en rapportant à personne du choix de cette armure, il se mit un matin en route pour aller la commander lui-même au forgeron Mimer.

Au bout de cinq ou six jours de marche, Gunther arriva donc à la forge, où il trouva Mimer, Hagen et les autres compagnons, qui continuaient de forger les plus belles et les plus fortes armes qui se pussent voir.

Gunther leur expliqua minutieusement son armure telle qu'il la voulait, et promit de la payer un tel prix, que maître Mimer et ses compagnons, voulant de leur côté faire de leur mieux, demandèrent à Gunther contre qui il voulait se servir de cette armure, afin d'en proportionner la force à celle de l'adversaire qu'ils devaient connaître, quel qu'il fût, tous les chevaliers de l'Occident se fournissant chez eux.

Gunther répondit que cet adversaire était Lyderic, premier comte de Flandre.

Alors Mimer secoua la tête, et comme Gunther lui demandait ce que signifiait ce geste :

— Seigneur chevalier, répondit-il, vous avez là une méchante besogne : il n'y a si bonne armure qui puisse vous défendre contre l'épée Balmung, qui a été forgée sur cette enclume par Lyderic lui-même, et il n'y a si bonne épée qui puisse blesser Lyderic, car il a tué le dragon dont le sang rend invulnérable, et, comme le chevalier Achille, il n'y a qu'une place du corps où on puisse le frapper, car il s'est baigné dans le sang du dragon, et, à l'exception d'un endroit où est tombée une feuille de tilleul, il a tout le corps couvert d'une écaille qui, toute fine qu'elle est, est plus impénétrable que le plus impénétrable acier.

— Et à quel endroit cette feuille est-elle tombée? demanda Gunther.

— Voilà ce que j'ignore, répondit le forgeron.

Alors Hagen, le premier compagnon, qui, comme on se le rappelle, avait donné à Mimer le conseil d'envoyer Lyderic à la Forêt-Noire, s'avança et dit à Gunther :

— Sire chevalier, avec les traîtres, il faut agir traîtreusement. Si vous voulez me donner la moitié de la somme dont vous comptiez payer l'armure, et donner l'autre moitié à maître Mimer, je me charge de vous débarrasser de Lyderic, et, quand il sera mort, vous conquerrez ses États.

— Et quel moyen comptez-vous employer pour cela?

— Cela me regarde, monseigneur; rapportez-vous-en à moi, répondit Hagen.

— Eh bien! soit, dit Gunther, faites comme vous l'entendrez; voici la moitié de la somme que je comptais mettre à l'armure, l'autre moitié vous sera payée quand vous m'aurez débarrassé de Lyderic.

C'est ainsi que fut fait le pacte entre Gunther, roi des Higlands, le forgeron Mimer et son premier compagnon Hagen.

Le même jour, Gunther repartit pour sa capitale,

et Hagen, ayant pris son long bâton à la main et portant son paquet sur son dos, s'achemina vers le château de Buck.

Il y arriva le troisième jour, et demanda à parler au comte Lyderic; et Lyderic, ayant appris qu'un voyageur demandait à lui parler, ordonna que ce voyageur fût amené devant lui.

A peine l'eut-il aperçu, qu'il reconnut Hagen, le premier compagnon de maître Mimer.

Comme Lyderic avait une mémoire tout à fait oublieuse du mal, il reçut admirablement bien Hagen, et lui demanda ce qui l'amenait à sa cour.

Hagen répondit que, s'étant pris de querelle avec maître Mimer pour affaires de son état, il l'avait quitté, et que, s'étant résolu d'aller offrir ses services comme armurier à quelque noble seigneur, il avait pensé avant tout à son ancien camarade de forge, et venait en toute humilité mettre ses petits moyens à sa disposition.

Or, comme Lyderic savait que Hagen était, après maître Mimer, le premier armurier qui existât, il le retint à l'instant même à son service, et lui confia la surveillance de toutes ses forges et de toutes ses armureries.

Cette importante acquisition fut vue d'un très-bon œil par tout le monde, excepté par Peters, car il connaissait le mauvais naturel de Hagen et la haine qu'il portait à son maître; mais Lyderic ne fit que rire de ses inquiétudes, et Hagen fut installé au château dans l'emploi qui avait été créé pour lui.

Quelques jours après, Lyderic reçut de Gunther une lettre qui lui annonçait que l'insurrection avait fait de tels progrès dans ses États, qu'il le suppliait de venir à son secours avec ses meilleurs chevaliers.

A l'instant même, Lyderic, oubliant la mésintelligence qui régnait entre les deux reines, ordonna que tout fût prêt le plus tôt possible, et commanda à ses cent meilleurs hommes d'armes de s'appareiller de leur mieux pour l'accompagner dans le royaume des Higlands.

Cet ordre avait répandu la joie dans le comté de Flandre, car, pour ces hommes de fer, la guerre était une fête; il n'y avait que la vieille princesse et Chrimhilde qui, l'une par pressentiment maternel, et l'autre par connaissance du caractère de son frère, virent avec peine cette excursion.

Or, il arriva que Chrimhilde, ayant exposé assez haut ses craintes pour être entendue de Hagen, celui-ci s'approcha d'elle et lui dit :

— Noble dame, je sais ce qui cause vos inquiétudes : votre époux est invulnérable par tout le corps, excepté en un seul endroit où est tombée une feuille de tilleul, et vous craignez qu'il ne soit frappé justement en cet endroit; mais, si vous voulez faire une marque à son vêtement à cet endroit, je le suivrai par derrière, et j'écarterai tous les coups qui pourraient le menacer.

Chrimhilde accueillit cette offre comme une inspiration du ciel, remercia Hagen, et promit qu'elle broderait une petite croix sur la partie de l'habit qui couvrait la partie vulnérable, afin que Hagen pût défendre cette partie.

C'était tout ce que voulait celui-ci.

Au jour fixé, Lyderic et ses cent hommes d'armes étaient prêts; et, selon son habitude, le comte de Flandre n'avait d'autre arme que son épée : il était vêtu d'un pourpoint que lui avait fait Chrimhilde, et sur lequel, au-dessous de l'épaule gauche, était brodée une petite croix.

Au moment du départ, Peters vint supplier le comte de ne point emmener Hagen; mais Hagen, dans une guerre, était un homme trop précieux par son habileté à fabriquer et à réparer les armes, pour que Lyderic s'en privât : aussi ne fit-il que rire des craintes de Peters, et constitua-t-il Hagen intendant général de son armurerie.

Lyderic prit congé de sa mère et de sa femme, avec sa confiance ordinaire dans la fortune : il avait l'épée Balmung, dont il connaissait la trempe; il avait le fouet d'or du roi des Niebelungen; enfin il avait le casque qui rend invisible : c'était, avec son courage, des garanties plus que suffisantes pour la victoire.

Il prit l'animal à bras-le-corps et le terrassa. — PAGE 46.

## X

Le comte de Flandre et ses cent hommes marchèrent trois jours, puis ils s'embarquèrent sur des vaisseaux que Lyderic avait fait préparer; de sorte qu'au bout de huit jours de son départ du château de Buck il abordait dans la capitale des Higlands.

Lyderic fut fort étonné; car, au lieu de trouver les États du roi Gunther dans le trouble et la désolation, comme celui-ci lui avait écrit qu'ils étaient, il les trouva en fête de ce que la révolte était apaisée.

Au reste, le roi Gunther attendait Lyderic sur le rivage, et il lui fit l'accueil qu'avait droit d'attendre un ami si diligent à porter secours.

Lyderic trouva tout préparé pour une grande chasse, que Gunther donnait en son honneur.

Cette chasse devait avoir lieu le lendemain même

de son arrivée; de sorte que Lyderic ne fit que coucher dans la capitale du roi des Higlands, et dès le lendemain matin partit avec Gunther pour une grande forêt, au centre de laquelle était fixé le rendez-vous.

Quant aux cent chevaliers, ils restèrent dans la capitale, et Gunther ordonna aux gens de sa cour de leur faire grande chère, comme lui-même faisait au maître.

Hagen et Peters accompagnèrent seuls Lyderic.

Comme la forêt était peu distante de la capitale, on y arriva à sept heures du matin, et l'on se mit en chasse aussitôt; les piqueurs avaient délourdé un ours.

Au bout d'une heure ou deux de chasse, l'ours fatigué s'accula et tint aux chiens; alors les piqueurs sonnèrent leurs fanfares et les chasseurs accoururent.

Gunther allait le charger l'épée à la main, lorsque Lyderic proposa de le prendre vivant, afin d'en faire don à la princesse Brunehilde.

Alors, comme personne n'osait se charger de la capture, il se fit donner des cordes, descendit de cheval, alla droit à l'ours, qui se levait sur ses pattes de derrière.

C'était ce que demandait Lyderic : il prit l'animal à bras-le-corps, et, l'ayant terrassé, il lui lia les quatre pattes et le museau, le chargea sur son épaule; et, comme tous les chevaux regimbaient quand on voulait le leur mettre sur le dos, il continua de le porter jusqu'à l'endroit où l'on devait trouver le déjeuner.

Le déjeuner était fidèlement arrivé à son poste, et il était riche et copieux; comme il convenait à des chasseurs affamés; mais, par un oubli étrange, le vin manquait. Gunther gronda fort tous les serviteurs, qui rejetèrent la faute les uns sur les autres; mais, comme cela ne remédiait en rien à l'affaire, le roi eut l'air de se rappeler qu'on était passé, en venant, près d'une si claire fontaine, que chacun avait voulu y boire; il ordonna alors aux serviteurs d'aller y puiser de l'eau; mais, comme Lyderic était échauffé de son combat avec l'ours, il n'eut point la patience d'attendre, et se mit à courir vers la fontaine. C'était l'occasion qu'attendait Hagen ; aussi le suivit-il dans l'intention apparente de le servir au besoin.

En arrivant près de la fontaine, Lyderic posa sa lance contre un saule qui l'ombrageait, et, pour être encore plus à son aise, se débarrassa de son casque et de son épée. Alors il s'agenouilla, et, baissant la tête, il but à même la source.

Hagen profita de ce moment, prit contre le saule la lance de Lyderic, et, guidé par la croix que Chrimhilde avait brodée elle-même sur son habit, il la lui enfonça au-dessous de l'épaule gauche de toute la longueur du fer.

Lyderic jeta un cri et se releva; puis, quoique at-

teint mortellement, il saisit Balmung, et, comme un lion blessé et qui épuise sa vie dans un dernier effort de vengeance, il rejoignit Hagen en trois bonds, et, d'un seul coup de Balmung, il lui fendit la tête si profondément, que les deux parties tombèrent sur chaque épaule.

Aussitôt il se retourna et aperçut Peters, qui, redoutant quelque trahison, avait suivi Hagen, mais qui était arrivé trop tard : il voulut parler pour lui adresser quelque suprême recommandation, mais il ne put que lui faire de la main signe de s'enfuir, et il tomba mort près du cadavre de son assassin.

Peters comprit qu'il n'y avait pas de temps à perdre, car il était évident que la vengeance de Gunther ne s'arrêterait point là : il s'orienta donc en jetant un coup d'œil sur les nuages, et, guidé par la direction du vent, il prit sa course vers la mer.

Arrivé sur le rivage, comme il vit qu'on le poursuivait, il s'élança la tête la première dans les flots, et, ayant gagné à la nage une des galères flamandes qui étaient à l'ancre, il raconta ce qui venait d'arriver au capitaine, qui donna aussitôt l'ordre d'appareiller et fit voile vers le port le plus près, qui était celui de Blakenberg.

La désolation fut grande au château de Buck lorsqu'on y apprit la fatale nouvelle.

Chrimhilde se jeta aux genoux de la vieille princesse en lui demandant pardon; car c'était elle qui doublement avait tué Lyderic, la première fois par son orgueil, la seconde fois par sa confiance.

Heureusement Ermengarde était un cœur puissant et religieux; et, toute brisée qu'elle était de la perte de son fils, elle songea qu'il fallait avant tout se mettre en mesure contre de nouveaux malheurs; et, ayant fait proclamer à l'instant la mort de Lyderic et la trahison de Gunther, elle appela tous les Flamands à la défense de leur jeune comte; puis elle envoya un messager au roi Dagobert, en lui faisant savoir le besoin qu'elle allait avoir de son secours.

En effet, huit jours s'étaient à peine écoulés, que Gunther débarqua avec une armée considérable dans le port de l'Écluse.

Quelle que fût l'activité qu'eût déployée la bonne dame Ermengarde, la situation n'en était pas moins critique.

Les cent chevaliers que Lyderic avait emmenés avec lui et qui étaient les plus braves de sa principauté de Dijon et de sa comté de Flandre, avaient été faits prisonniers au moment où ils s'y attendaient le moins, sans avoir même pu se défendre; et le messager envoyé à la cour des Francs avait répondu que le roi Dagobert venait de mourir, et que son fils Sigebert, qui avait hérité de la France orientale, étant en guerre avec Clovis, son frère, qui avait hérité de la France occidentale, il ne pouvait, malgré le grand désir qu'il en avait, distraire aucune troupe de son armée.

Les deux pauvres femmes en étaient donc réduites à leurs propres forces, et ces forces, qui étaient peu de chose, étaient encore moralement fort diminuées par l'absence d'un chef qui pût donner de l'unité à la défense.

Cependant Gunther et son armée avançaient toujours : le prétexte qu'il donnait à son agression était que le jeune comte Andracus étant mineur, il venait, comme son oncle, réclamer la régence de sa comté.

Mais, comme tout le monde savait qu'il était l'assassin du père, personne ne se laissait prendre à son apparente amitié pour le fils.

Ermengarde et Chrimhilde avaient rassemblé autour d'elles, et pour la défense du château de Buck, tout ce qu'elles avaient pu réunir d'hommes d'armes et de serviteurs; et, sans autre espoir qu'en Dieu, elles priaient agenouillées de chaque côté du berceau du jeune comte lorsqu'on vint leur annoncer qu'un chevalier, sans couronne à son casque et sans armoiries à son bouclier, et qui cependant paraissait familier avec les armes, demandait à être introduit devant elles.

Dans une circonstance semblable, aucun secours n'était à dédaigner: Chrimhilde et Ermengarde donnèrent l'ordre que le chevalier fût introduit devant elles.

L'inconnu était un homme d'une haute et puissante stature, et qui paraissait, comme l'avait dit son introducteur, familier avec les armes.

La visière de son casque était baissée; mais une barbe blanche qui passait par l'ouverture inférieure indiquait que, si celui qui se présentait avait perdu quelque chose du côté de la force, il avait dû gagner du côté de l'expérience.

Il s'inclina devant les deux femmes, et, abordant sans détour le sujet qui l'amenait, il leur dit qu'ayant appris la situation déplorable où elles se trouvaient, il était venu leur offrir son secours, espérant qu'il ne serait point méprisé par elles, quelque faible qu'il fût, et offrant, si elles avaient quelque défiance, de jurer sur l'Évangile qu'il était prêt à sacrifier sa vie pour la défense des droits du jeune comte.

Il y avait dans la voix de l'inconnu une telle expression de vérité, que, quoique les deux femmes ignorassent encore si son courage et son expérience répondaient à la confiance qu'il leur avait inspirée, elles acceptèrent ses services, lui disant qu'elles tenaient pour inutiles tout autre serment que sa seule parole, et elles lui remirent la défense du château avec le commandement de leur petite armée.

Aussitôt, et comme il n'y avait pas de temps à perdre, le chevalier inconnu salua les deux dames et descendit dans la cour faire ses dispositions.

Là, ayant réuni tout son monde, il vit qu'il pouvait disposer de douze cents hommes d'armes, sans compter les serviteurs et les valets, et, dès lors, les voyant animés du meilleur esprit, il résolut, quoique l'armée qui venait l'attaquer fût quatre fois plus nombreuse que la sienne, de ne point l'attendre derrière ses murs, mais d'aller au-devant d'elle dans la forêt.

En conséquence, il laissa, pour la défense du château, une centaine d'hommes d'armes avec tous les valets et les serviteurs, et, avec le reste, il s'apprêta à marcher à l'ennemi.

Au moment de partir, un vieux garde lui offrit de lui servir de guide; mais le chevalier inconnu lui répondit qu'ayant été élevé non loin de cette forêt toutes les routes lui en étaient familières.

En effet, aux premières dispositions qu'il fit, les soldats reconnurent qu'il avait une science des lieux au moins égale à la leur, et leur confiance en lui s'en augmenta encore.

Le chevalier inconnu disposa son armée à l'endroit même où, vingt-trois ans auparavant, le comte Salwart avait été assassiné, et la comtesse Ermengarde faite prisonnière.

C'était un défilé qui semblait fait exprès pour une embuscade, et où deux cents hommes pouvaient lutter contre deux mille.

A peine les dispositions étaient-elles prises, que l'on aperçut l'armée de Gunther, qui, se reposant sur sa force numérique, et surtout sur le peu de résistance qu'on lui avait opposé jusque-là, s'avançait pleine de confiance et sans prendre d'autre précaution que de se faire précéder d'une avant-garde. Le chevalier inconnu laissa passer cette avant-garde; puis, lorsque l'armée tout entière fut engagée dans le défilé, il donna le signal convenu, et les Higlands se virent écrasés par des rochers, sans qu'ils pussent même distinguer la main vengeresse qui les poussait sur eux.

En même temps, et lorsqu'il vit que le désordre commençait à se mettre dans leurs rangs, le chevalier inconnu les attaqua lui-même de front, avec grand bruit de cors et de fanfares, qui, répété par les échos de la forêt, pouvait faire croire à un nombre de soldats triple de celui qu'il avait réellement.

Gunther paya bravement de sa personne; mais les dispositions étaient trop bien prises pour que la victoire restât longtemps incertaine.

Après un combat de deux heures, l'armée des Higlands fut mise en fuite et taillée en pièces, et Gunther lui-même, pressé vivement, parvint à grand'peine à se sauver avec une centaine d'hommes. Arrivé au bord de la mer, il se jeta dans un de ses navires, et, tout honteux de sa défaite, regagna nuitamment sa capitale.

Les vainqueurs regagnèrent le château, rapportant aux deux femmes cette bonne nouvelle, mais rapportant le chevalier inconnu blessé à mort.

Elles allèrent au-devant de leur libérateur, qui, en les voyant s'approcher de lui, leva la visière de son casque, et elles reconnurent Phinard, le vieux prince de Buck, qui, trois ans auparavant, avait fait à Lyderic la cession de ses États, et s'était retiré dans la forêt pour y accomplir la pénitence qu'il s'était imposée.

Au fond de sa retraite, il avait appris le danger que couraient les deux princesses et le jeune comte; il avait alors revêtu une dernière fois les armes mondaines pour venir à leur secours.

Dieu avait béni son entreprise, et, par un jeu de hasard ou plutôt par une permission de la Providence, l'expiation avait eu lieu à l'endroit même où avait été commis le crime.

Phinard expira le lendemain, priant les deux princesses de ne pas lui chercher une autre tombe que celle qui avait été creusée miraculeusement pour lui dans la cour déserte pendant la nuit qui avait amené sa conversion. Il y fut enterré selon ses désirs. Dieu ait son âme!

Quant au jeune comte Andracus, il régna pendant longues années avec joie et honneur, et eut un fils, qui fut monseigneur Baudouin I<sup>er</sup>, surnommé Baudouin aux côtes de fer.

Ceci est la véritable légende de Lyderic, premier comte de Flandre.

www.ingramcontent.com/pod-product-compliance
Lightning Source LLC
LaVergne TN
LVHW022200080426
835511LV00008B/1484